Sigrid Tschiedl

Körpersprachl iCH

Mag. Sigrid Tschiedl

Körpersprachl ICH

Wirkung ohne Worte

VdÄ
VERLAGSHAUS
DER ÄRZTE

Körpersprachl ICH
Sigrid Tschiedl

Abbildungsnachweis

APA PictureDesk: 77 (Peter Kurz/CONTRAST), 140 oben (Action Press) ■ Bundesarchiv: 58 oben (Bild 102-09844, Foto o. Ang., Mai 1930), 58 unten (Bild 102-13774, Foto: Heinrich Hoffmann, ca. 1927) ■ Foto Jelinek: 101 ■ GEPA: 44 unten, 83 unten, 102, 152 ■ Hahsler, Lisa: 54, 55 (unter Verwendung von Open-Clipart-Vectors) ■ Holler, Ursula: 139 unten ■ Holzinger, David: 156 oben ■ Huber, Gerald: 146 ■ Huber, Michael: 149 ■ Leininger, Kurt: 17, 31 ■ Leitner, Franz: 35, 44 oben, 122, 128 ■ Lelli, Silvia: 67 ■ MEV-Verlag: 112 ■ Oberhuber: 15 (Puzzlekontur: annca/www.pixabay.com/de) ■ Oppeck, Katharina: 72 ■ Ott, Max: 142 ■ PhotoAlto: 51 ■ Popp, Jörg: 141, 148 ■ Recktenwald, Marco: 18, 42 oben, 76 oben rechts ■ Rieger-Mösslacher, Anna: 64, 82 ■ Rohrmüller, Irene: 63 oben ■ Schrems, Franz: 76 oben links und unten rechts ■ Schwarz, Claudia: 60 Mitte ■ Seicht, Sigrid: 42 Mitte, 48, 60 oben, 63 unten, 75, 84 ■ Tschiedl, Karl-Heinz: 83 oben links ■ Tschiedl, Sigrid: 5, 20, 21, 27, 32, 33, 39, 40 oben, 50, 59 oben, 70, 83 rechts, 86, 87, 111, 115, 116, 117, 118 oben, 125, 129, 133, 136, 137, 139 oben rechts, 147, 150, 156 unten, 160 ■ Uhl, Theresa: 41 ■ www.fotolia.com: 52 (Konstantin Labunskiy), 53 (Milan Vasicek), 59 unten (corbis-infinite), 100 (ZoneCreative), 132 (Matej Kastelic) ■ www.pixabay.com/de: 8 (Nickbar), 12 (Unsplash), 22 (Unsplash), 23 (simon), 24 (Adina Voicu), 26 (santosmirian), 29 (simon), 30 oben (Kaya85), 30 unten (WerbeFabrik), 34 (Ryan McGuire), 37 (lambhappiness), 38 (DzeeShah), 40 unten (OpenClipart-Vectors), 42 unten (skeeze), 45 (habanera), 46 (juanerasmus85), 49 (ericlinus), 56 oben (Suewe51), 56 unten (pezibear), 59 Mitte (Takmeomeo), 60 unten (Unsplash), 65 (Lena Sevcikova), 66 (David Karich), 68 (Public Domain Picture), 71 (NDE), 73 (ambroochizafer), 74 (Peggy_Marco), 78 (sweetreilly0), 81 (songjayjay), 85 (Public Domain Images), 89 (Thomas Max Müller), 90 (fotshot), 91 (pezibear), 92 (kpgolfpro), 105 (Malina Bogdanovskaya), 106 (leandrodecarvalhophoto), 107 (ClkerFreeVectorImages), 109 (Hans), 110 (Sjh-Fotografie), 118 unten (Malina Bogdanovskaya), 119 (Mariana Mercado), 120 (WikiImages), 121 oben (uroburos), 121 Mitte (DEZALB), 121 unten (kpgolfpro), 124 (skeeze), 126 (Digital Designer), 130 (disoniador), 135 (Hapa), 139 oben links (Anne Bermüller), 140 unten (werner22brigitte), 144 (gavilla), 151 (Ashish Choudhary), 153 (Mihai Paraschiv), 154 (fotshot), 158 (alexandria), 159 (Quadronet Webdesign), 163 (Ricardo Corona), 175 (Counselling)

© **Verlagshaus der Ärzte GmbH**
Nibelungengasse 13
A-1010 Wien

www.aerzteverlagshaus.at

1. Auflage 2016

ISBN 978-3-99052-138-0

Umschlag: Malanda-Buchdesign Andrea Malek, 8010 Graz
Satz: Grafikbüro Lisa Hahsler, 2232 Deutsch-Wagram
Projektbetreuung: Hagen Schaub
Druck & Bindung: Belvédère Print & Packing B.V. Niederlande (www.TheArtOfMakingBooks.at)

Autorin und Verlag haben alle Buchinhalte sorgfältig erwogen und geprüft, dennoch kann keine Garantie übernommen werden. Eine Haftung der Autorin bzw. des Verlags wird daher nicht übernommen.

Aus Gründen der leichteren Lesbarkeit – vor allem in Hinblick auf die Vermeidung einer ausufernden Verwendung von Pronomen – haben wir uns dazu entschlossen, alle geschlechtsbezogenen Wörter nur in eingeschlechtlicher Form – der deutschen Sprache gemäß zumeist die männliche – zu verwenden. Selbstredend gelten alle Bezeichnungen gleichwertig für Frauen.

Sehr geehrte
Leserin,
sehr geehrter Leser!

Wir lernen sie alle ab dem Moment unserer Geburt, sie ist geprägt davon, wo und unter welchen Umständen wir aufwachsen, sie ist allgemein verständlich und dennoch so individuell wie ein Fingerabdruck – die Körpersprache!

Den optischen, „nonverbalen" Signalen durch Mimik, Gestik und Haltung kommt in der zwischenmenschlichen Kommunikation die größte Bedeutung zu – noch bevor das erste Wort gesprochen ist.

Die Forschung belegt seit Jahrzehnten, wie wichtig Körpersprache ist, Studien beweisen ihre Dominanz gegenüber anderen Sinneseindrücken, berühmte Kommunikationswissenschaftler haben sie untersucht. Und doch: Haben Sie sich jemals mit Ihrer persönlichen Körpersprache wirklich auseinandergesetzt? Sind Sie sich der Wirkung Ihrer Signale bewusst? Nehmen Sie wahr, was Ihre Mitmenschen mitteilen, obwohl sie gar nicht mit Ihnen sprechen?

Ich habe es also schon wieder getan, ich habe ein Buch geschrieben – zwar über „Wirkung ohne Worte", aber geschrieben mit tausenden davon. Meinen Antrieb, es zu schreiben, bilden zwei Motive. Zum einen ist das die Faszination, die das Thema Körpersprache auf mich ausübt und die in meinen Trainings und Seminaren zu Kommunikation und Präsentation in den letzten Jahren immer bedeutsamer wurde. Der körperliche Ausdruck ist ein so starker Teil der persönlichen Wirkung, dass kein gesprochenes Wort ihn ersetzen kann. Zum anderen spornt mich der Nutzen für Sie, liebe LeserInnen, an, Ihnen Bedeutung, Wesen und Nutzen Ihres ganz persönlichen Körpersprachespektrums näherzubringen.

Dies ist keine Flirtanleitung, kein Benimmbuch und kein „Aufdeckerratgeber", wie Sie Lügner enttarnen. Es ist kein Buch, das Ihnen dabei helfen soll, andere geschickt zu manipulieren und dabei selbst unantastbar zu bleiben.

Es ist ein Buch, das Ihnen bei selbstbestimmter Kommunikation helfen soll, und zwar mit jenen Mitteln, mit denen Sie die meisten Botschaften unbewusst senden – Mimik, Gestik, Haltung & Distanz. Es soll Sie unterstützen, klare Zeichen zu setzen, Ihr Ausdrucksrepertoire zu erweitern, sich selbst und andere besser zu verstehen und Ihre GesprächspartnerInnen von Kopf bis Fuß wahrzunehmen.

Ich bin überzeugt: Das Allgemeine weicht immer dem Persönlichen – im Ausdruck und im Eindruck. Leider ist es mir in diesem Fall nicht möglich, Sie, liebe LeserInnen, persönlich kennenzulernen. Was erwarten Sie von diesem Buch? Was wünschen Sie sich für Ihre Entwicklung? Welche Themen interessieren Sie besonders? Welche Vorkenntnisse und Erwartungen bringen Sie mit? Wären wir in einem Seminar, könnte ich Sie persönlich fragen und dann ein individuell auf Sie abgestimmtes Info- und Übungsprogramm anbieten.

Aber Sie sollen die Möglichkeit bekommen, mich ein wenig persönlich kennenzulernen. Viele Beispiele in diesem Buch stammen aus meinem eigenen (Er-)Leben.

Alles, worüber ich schreibe, habe ich am „eigenen Leib" erfahren. Diese Möglichkeit möchte ich auch Ihnen durch viele praktische Übungen eröffnen; nicht zuletzt mit vielen Querverweisen aus dem Theaterbereich, wo meine ursprünglichen beruflichen Wurzeln liegen. Sie haben also ein weiteres Mal ein Sach- und Machbuch vor sich – informativ, interaktiv und individuell.

Denn, wie Oscar Wilde schon so schön sagte: „Die Erfahrung ist eine Maßarbeit. Sie passt nur dem, der sie macht."

Mir geht es um Ihren einzigartigen Ausdruck, Ihren persönlichen Nutzen und Ihren eigenen praktischsten Zugang zum Thema Körpersprache.

Probieren Sie sich aus und entdecken Sie neue Facetten an sich.

Viel Spaß mit dem spannenden, unerschöpflichen Thema Körpersprache. Ich freue mich auch über Ihr Feedback an **sigrid.tschiedl@denkimpuls.at**

Alles Liebe
Sigrid Tschiedl
www.denkimpuls.at

Sage es mir und ich werde es vergessen.
Zeige es mir und ich werde mich vielleicht erinnern.
Lass es mich selbst tun und ich werde es verstehen.

Konfuzius (verm. 571–479 v. Chr.), chinesischer Philosoph

Zu-, Nach-, Absatz

Ich habe bewusst versucht, keine geschlechterspezifische Unterscheidung in der Beschreibung und Bedeutung der nonverbalen Kommunikation vorzunehmen, allerdings sehr wohl eine individuelle! Eine strikte Trennung zwischen den möglichen aktiven kommunikativen Ausdrucksformen von Mann und Frau scheint mir überholt und auch nicht zielführend. Natürlich existieren nach wie vor Zuschreibungen dafür, was Männer oder Frauen tun oder eben nicht tun, wie sie flirten, ihre Ziele erreichen etc. Doch statt diese als trennend zu betrachten und nur Klischees zu bedienen, bin ich dafür, dass die Geschlechter voneinander lernen und nonverbale Kommunikation weiterentwickelt werden darf. Jeder und jede sollte seine/ihre persönlichen Möglichkeiten nutzen und sich frei ausdrücken dürfen. Ich stehe also definitiv für selbstbestimmte Kommunikation und individuellen Ausdruck.

Wir können die Regeln selbst und neu schreiben. Sie haben die Wahl!

Wie sich die Betrachtung der Körpersprache im Laufe der Zeit weiterentwickeln kann, zeigt dieser berührende kleine Film mit dem Titel „Run like a girl!".

https://www.youtube.com/watch?v = XjJQBjWYDTs

8

Kapitel 4
Alles Theater?! ... 119

Kapitel 1

Die vier Elemente
der Körpersprache

Körpersprache ist Wirkung ohne Worte. Ein strafender Blick, bittende Hände oder die berühmte kalte Schulter sind Zeichen, die ausdrücken, was wir sagen und kommunizieren wollen. Oft sind diese optischen Signale klarer als die Worte, die wir sprechen. Selten sind sie uns bewusst.

Doch woraus „besteht" Körpersprache? Wie wirkt sie? Was bewirkt sie?

Haben Sie sich je mit Ihrem wichtigsten und mächtigsten Kommunikationsmittel beschäftigt – dem Körper? Mit Ihrem Gesicht, Ihrer Haltung, Ihren Händen können Sie Menschen auf Distanz halten oder ihnen einladend begegnen. Sie können eindeutig klar machen, welches Ziel Sie verfolgen, oder Ihre Absichten verschleiern.

Womit genau haben wir es also bei Körpersprache zu tun? Auf der Suche nach einer Definition findet sich im Internet:

> **Körpersprache** ist eine Form der *nonverbalen Kommunikation*, die sich in Form von *Gestik, Mimik, Habitus* und anderen bewussten oder unbewussten Äußerungen des *menschlichen Körpers* ausdrückt. Die Körpersprache hat einen entscheidenden Einfluss auf die *Rezeption* (Verständlichkeit) der eigentlichen, gesprochenen Worte/Botschaft sowie die Wirkung der Person auf ihren Gesprächspartner.
>
> Quelle: Wikipedia https://de.wikipedia.org/wiki/K%C3%B6rpersprache

So weit, so gut. In diesem Buch soll hauptsächlich auf bewusste Gestaltung und aktive Anwendung von Körpersprache eingegangen werden. Dazu ist es nötig, ihre Grundelemente zu verstehen und natürlich ihre Wirkung „am eigenen Leib" zu erfahren.

Als wichtiger Grundsatz bei allen Übungen in diesem Buch gilt: Körpersprache wirkt immer nach außen und nach innen. Probieren Sie es aus und erleben Sie es selbst. ☺

Vier optische Instrumente im Einklang

Nonverbale Kommunikation ist ein Zusammenspiel verschiedener Komponenten. Wie in der Musik, wo mehrere Instrumente eine Melodie gemeinsam zum Klingen bringen, ihr Ausdruckskraft und Volumen verleihen und so einen unverwechselbaren Klang erzeugen. Körpersprachlich vermitteln wir nicht nur Information, sondern auch Emotion und Persönlichkeit. Das Zusammenspiel verschiedener Komponenten erzeugt einen mehr oder weniger harmonischen Klang – je nachdem, wie stimmig die „Körperspracheinstrumente" zusammenwirken.

Körpersprache besteht im Wesentlichen aus vier Elementen:

- Haltung,
- Gestik,
- Mimik,
- Distanz.

Haltung „annehmen – bewahren – verändern"

Wie Sie zu einer Sache „stehen", welche „Haltung" Sie einnehmen, bestimmt oftmals bereits den Verlauf eines Gespräches, bevor es überhaupt begonnen hat. Unser gesamter Körper liefert unserem Kommunikationspartner ein Bild, das dieser sofort seinen Erfahrungen und Mustern zuordnet. Füße, Beine, Hüftstellung, Oberkörper, Schultern und Kopfhaltung ergeben zusammen einen sehr starken optischen Eindruck.

Woraus besteht Haltung?

Sie setzt sich im Wesentlichen aus zwei Komponenten zusammen:

- physische/optische Voraussetzungen,
- innere Einstellung.

Physische/optische Voraussetzungen: Auf die markanten Elemente Ihrer ganz persönlichen Körperhaltung soll später in diesem Buch näher eingegangen werden. Tatsache ist, dass bestimmte physische Voraussetzungen grundsätzliche Haltungen mitbestimmen. Größe, Figur, körperliche Besonderheiten oder medizinische Gründe, ja sogar Kleidung und Frisuren beeinflussen massiv unsere Bewegungs- und Haltungsmöglichkeiten. Ein gebrochenes, gegipstes Bein, Stöckelschuhe, eine schmerzende Schulter, eine streng gebundene Krawatte sind mitverantwortlich für unsere optische Wirkung.

ÜBUNG:

Versuchen Sie bitte folgende Haltungen anzunehmen und notieren Sie die augenscheinlichsten optischen Merkmale:

- Der Cowboy – z.B. breitbeinig, Hände am Gürtel etc.
- Die Tänzerin – erhobener Kopf, Bauch eingezogen usw.
- Der alte Mann
- Der Betrunkene
- Das Kind

Welche Veränderungen nehmen Sie physisch wahr? Wie verschieben sich die Positionen von z.B. Beinen, Hüfte, Brustkorb?

Die **innere Einstellung**, mit der wir der Welt begegnen, spiegelt sich in unserer Haltung wider. Wer von Menschen nicht gerne angesehen wird, präsentiert sich beispielsweise körpersprachlich anders als jener, der gerne im Mittelpunkt der Aufmerksamkeit steht.

Unsicherheit und Selbstsicherheit drücken sich ebenso körpersprachlich aus wie unsere Gefühle.

Der Körper folgt den Gedanken und umgekehrt! Mehr dazu erfahren Sie ab Seite 101.

ÜBUNG:

Bitte wiederholen Sie die oben angeführte Übung und nehmen Sie nacheinander die Grundhaltungen ein. Welche Stichworte, Gedanken und Eigenschaften fallen Ihnen dazu automatisch ein? Waren es zuerst die Gedanken, mit denen Sie Ihre Haltung gesteuert haben, oder inspiriert Sie die Haltung zu Ihren Gedanken? ☺

Der Cowboy	z.B. selbstbewusst, dominant, auf der Hut ...
Die Tänzerin	stolz, elegant, grazil ...
Der alte Mann	

Haltungsformen

Jede Haltung, die wir einnehmen, dient einem momentanen Zweck. Dabei geht es gar nicht darum, ob sie richtig oder falsch, gut oder böse gemeint ist. Dies ist – wie so oft in der Kommunikation – Interpretationssache des Empfängers. In ihrer ursprünglichen Bedeutung ist Haltung Teil der Kommunikation und kann nur aus der Situation heraus interpretiert werden (siehe Seite 73).

Grundsätzlich gibt es zwei Formen der Haltung:

■ Die **offene Haltung** dient zur Kontaktaufnahme und zum Handeln (geben, nehmen, Bewegung, senden). Bei der offenen Haltung ist der Brustkorb geöffnet, die Hände sind sichtbar, die Bewegungsrichtung geht nach oben oder vorne.

■ Die **geschlossene Haltung** dient vorwiegend zum Schutz, um mögliche (verbale) Angriffe abzuwehren, aber auch dazu, zu beobachten, abzuwarten, sich nicht in die Karten schauen zu lassen, sich „zurückzuhalten". Die Arme sind nah am Körper, der Brustkorb ist zurückgezogen, die Schultern zeigen nach vorne, die Bewegungen sind eingeschränkt, die Hände verborgen oder die Handflächen nach unten gerichtet. Die geschlossene Haltung bedeutet nicht automatisch Abwehr oder Antipathie. Sie deutet grundsätzlich an, dass gerade keine Handlung gesetzt wird – die Gründe dafür können vielfältig sein.

„Offen" oder „geschlossen" – das macht hier die Wirkung!

Carmen lässt grüßen!

Welche Haltung nehmen Sie ein, wenn Sie allein vor achtzig Ihnen unbekannten Personen stehen und eine lockere Rede halten sollen? Sie möchten am liebsten weglaufen? Geht nicht. Sie werden ganz starr und verkrampfen sich? Ganz normal.

Die Kunst der Rhetorik und des freien Sprechens vor Menschen ist nicht angeboren.

Ich selbst halte jährlich dutzende Seminare und Vorträge. Täglich begegnen mir Menschen, die ich nicht kenne, nicht einschätzen kann, die Erwartungen an mich haben

und denen ich positiv und hilfreich begegnen möchte. Ob ich nervös bin? Selbstverständlich! Jede Situation ist neu und bietet neue, unbekannte Herausforderungen.

Auf der Vortragsbühne versuche ich natürlich die Themen, die ich vermitteln möchte, besonders „vorbildlich" zu präsentieren. Offen sein, selbstbewusst überzeugen, Kontakt herstellen, andere bewegen.

Manchmal lässt sich mein Körper aber nicht ganz dazu bringen, alles umzusetzen, was ich von ihm möchte. So habe ich an mir selbst beobachtet, dass er – von mir unbeabsichtigt – in manchen „rhetorischen" Situationen eine Mischform von offener und geschlossener Haltung entwickelt hat. Dabei stütze ich eine Hand selbstbewusst in die Hüfte, die andere schlingt sich schützend um meinen Bauch und hält mich zusätzlich im wahrsten Sinne des Wortes „zurück". Meine Haltung bleibt aufrecht, mein Brustkorb geöffnet, man kann meine Hände sehen und ich habe sie bei Bedarf für Gestik zur Verfügung. Trotzdem versuche ich meine „Weichteile" instinktiv vor Angriffen zu schützen, sei es durch Blicke oder Argumente. Ich nenne diese durchaus komische, ungewöhnliche Haltung gerne die „Carmen-Haltung". Sie erinnert mich an die Oper Carmen, wo eine selbstbewusste junge Frau sich den Herausforderungen des Lebens (und Liebens) stellt. Sie ist oft hin- und hergerissen zwischen Selbstpräsentation, Angriff und Schutzbedürfnis. Ähnliche Haltungen finden sich im Tanz Flamenco, wo es um einen Wechsel von Dominanz und Unterwerfung geht.

Ich nehme diese Haltung nur in Seminaren und auch da nur in bestimmten Situationen ein. Seit sie mir bewusst ist, finde ich sie sehr amüsant und hinterfrage ihre Bedeutung für den Moment.

Ein Fotograf hat die „Carmen-Haltung" für mich kürzlich während eines Seminars eingefangen.

Wie bringen Sie Offenheit und Schutzbedürfnis in Einklang? Olé.

Haltung von Kopf bis Fuß

Kopfsache

„Kopf hoch" heißt es, wenn Trauer überwunden werden soll oder Mut und Entschlossenheit gefragt sind.

Wie der Kopf am Hals sitzt, bestimmt wesentlich die Wirkung der Haltung mit. Ist er senkrecht gerade und das Kinn 90 % zum Hals ausgerichtet, ist kraftvolle, aktive Kommunikation in Balance und auf „Augenhöhe" mit dem Gesprächspartner möglich. Diese Haltung kann allerdings auch wie eine „Konfrontation" wirken, also Widerstand oder Unsicherheit beim Gegenüber erzeugen. Wird der Kopf zur Seite geneigt, wirkt das sofort lockerer, aufnahmebereiter und vertrauter, allerdings auch passiver und kann wie Unterwerfung aufgefasst werden.

Unabhängig vom Gesichtsausdruck werden bereits 2 bis 4 cm Abweichung nach oben oder unten gänzlich anders wahrgenommen.

Hier zeigt sich ganz besonders deutlich, dass bereits wenige Veränderungen ausreichen, um einen völlig anderen Eindruck beim Gesprächspartner zu erwecken.

Kopfsignale und wie sie wirken		
Kopfhaltung	**Gesichtsausdruck**	**Wahrnehmungsmöglichkeiten**
erhobener Kopf Hals/Kehle liegt frei	von neutral bis lächelnd, zumeist unwesentlich	arrogant, eingebildet, hochnäsig, selbstzufrieden, stolz
leicht gesenkter Kopf Hals/Kehle geschützt	neutral, unschuldig, keckes Lächeln	harmlos, unterwürfig, frech, unsicher
gesenkter Kopf Hals/Kehle geschützt	stechender Blick, zusammengezogene Brauen	wütend, aggressiv, konzentriert
seitlich geneigter Kopf Hals liegt teilweise frei	oft lächelnd, mitunter skeptisch, nachdenklich oder beobachtend	Aufnehmend, vertraut, passiv, sich unterwerfend, ungefährlich ausweichend, nachdenklich, flirtiv, entspannt, locker, verträumt, verspielt
gesenkter Kopf Nacken gebeugt	versteckt	Scham, unsicher, schüchtern
seitlich gedrehter Kopf	konkrete Blickrichtung, oft Augenbrauen hochgezogen	interessiert, aufmerksam, aktiv, Kontakt zu einer Sache oder einem Menschen suchend

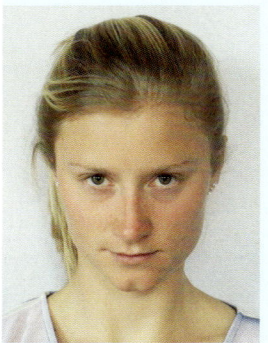

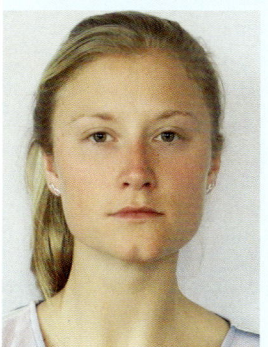

Die Kopfhaltung nur um wenige Zentimeter verändert, ergibt sofort eine andere Wirkung beim Betrachter ...

Ich sehe mich nicht, wie du mich siehst

Um zu unterstreichen, wie wesentlich Kleinigkeiten die körpersprachliche Wirkung beeinflussen, möchte ich Ihnen eine Geschichte erzählen, die mich selbst nachhaltig geprägt hat.

Als Kind hatte ich auf eigenen Wunsch Ballettunterricht. Mich faszinierte die elegante Leichtigkeit, mit der Tänzerinnen zu wunderschöner Musik scheinbar mühelos über die Bühne schwebten. Ich war, um ehrlich zu sein, nicht besonders begabt, aber das Tanzen machte mir Freude. Bei einer klassischen Ballettausbildung lernt man eine Grundhaltung, die sich zusammenfassen lässt mit „Bauch rein, Brust raus, Kopf hoch!" Ein langer Schwanenhals, ein gespannter Oberkörper und dynamische, elegant geführte Bewegungen werden von einer Balletttänzerin erwartet.

Ich tanzte etwa sechs Jahre lang. Gegen Ende dieser Zeit, als bei mir und anderen Jugendlichen in der Schule die Pubertät begann und man plötzlich seine Mitmenschen besonders aufmerksam wahrzunehmen scheint, bekam ich seltsame, für mich sehr unverständliche Reaktionen auf mich und meine Person. Ich wurde im ersten Eindruck als arrogant und überheblich wahrgenommen und als hochnäsig bezeichnet. Viele wollten mich gar nicht näher kennenlernen. Diese Be- und Verurteilungen kränkten mich sehr. Ich selbst sah und sehe mich immer noch als Menschen mit besonders viel Respekt, Interesse und Wertschätzung anderen gegenüber. Ich möchte niemanden beleidigen oder jemandem zu nahe treten, und mit Sicherheit glaube ich nicht, dass ich „etwas Besseres" bin.

Lernte mich jemand näher kennen, so stellte sich heraus, dass der erste Eindruck, den ich erweckte, missverständlich war. Ich habe erst Jahre später den Zusammenhang zwischen der Reaktion meiner Kommunikationspartner auf mich und mein Verhalten und der äußeren Wirkung durch mein ungewollt „hochnäsiges" Auftreten herstellen können. Haltung – und dabei schon 2 bis 3 cm – beeinflusst wesentlich, wie Menschen auf mich zugehen und für wen sie mich halten. Durch diese Erkenntnis habe ich vieles hinterfragt und gelernt, mich auf meine Umwelt einzustellen. Ich bin immer noch ich, aber ich versuche dafür zu sorgen, dass man eben genau das gleich erkennen kann.

Aber ehrlich, ich wünschte, mir wäre diese Lektion des Lebens erspart geblieben.

Achtung: Generell lassen sich Haltungen nur in Zusammenhang mit der jeweils handelnden Person in einer bestimmten Situation deuten! Seien Sie sich bewusst, dass Ihre Deutung immer nur eine Interpretation der „Wahrheit" ist und dass Vorurteile und Verallgemeinerungen leicht irreführend sein können!

Aufrecht im Leben stehen

Ein gerader Rücken und eine aufrechte Haltung sind nicht nur gesund, sie wirken auch selbstbewusst und kompetent.

ÜBUNG:

Aufrechte, offene Haltung

Stellen Sie sich gerade hin, die Beine sind hüftbreit auseinander, die Knie locker. Die Arme hängen lose mit den Handflächen nach hinten neben dem Körper. Sie werden bemerken, dass automatisch die Schultern nach vorne hängen und sich der Brustkorb senkt.

Nun winkeln Sie die Ellbogen einige Zentimeter ab. Anschließend drehen Sie die Handflächen nach vorne. Beobachten Sie nun, wie sich beinahe automatisch durch eine Wellenbewegung der Brustkorb nach vorne schiebt, die Schultern zurückgeschoben werden und die Gestik sich nach oben bzw. vorne ausrichtet.

„Haltung hat, wer sich nicht bückt und doch geneigt ist."

Klaus Klages (geb. 1938),
deutscher Gebrauchsphilosoph

22

Gestik – beredte Hände

Wenn Sie im wahrsten Sinne des Wortes mit „Händen und Füßen" sprechen, dann ist Ihre Gestik aktiv. Sie unterstützt optisch die Bilder, die Sie Ihrem Gegenüber verbal vermitteln wollen. Gestik setzt dem Gesagten „eins drauf" – sie wirkt im wahrsten Sinne des Wortes „nachdrücklich". Dabei können Hände wegschieben, geben, nehmen, berühren. Sie können eine Faust oder eine Schale bilden. Sie können mit dem Finger auf jemanden zeigen oder jemanden mit offenen Armen empfangen.

Hände und Arme sagen sehr viel über die Bereitschaft eines Menschen zur Kommunikation und die Beziehung zu seinem Kommunikationspartner aus.

Auch wenn wir Gestik nicht bewusst z.B. in der Rhetorik einsetzen, so ist sie dennoch immer als Teil unserer Körpersprache vorhanden. Und sie ist immer schneller und oft einfacher als das gesprochene Wort. So können Sie, ohne komplizierte Begriffe zu benutzen, ausdrücken, wie groß ein bestimmter Apfel ist oder an welcher Stelle des Körpers Sie Schmerzen fühlen. Sicher deuten Sie einfach auf das Flugzeug am Himmel, anstatt zu sagen: „Von mir aus gesehen rechts vor dem Wohnzimmerfenster, neben dem Apfelbaum, fliegt ein Segelflieger vorbei, schau mal." Oder? ☺

In der Gestik unterscheiden wir zwei Arten:

■ **Primäre Gesten** dienen allein der direkten Kommunikation. Wenn Sie beispielsweise rufen: „Sieh mal, dort drüben", deutet Ihr Finger dann automatisch auf den Punkt, den Ihr Gesprächspartner betrachten soll. Oder Sie deuten mit den Händen die Länge des Fisches an, den Sie gefangen haben und über den Sie nun berichten.

■ **Sekundäre Gesten** haben andere, oft emotionale Bedeutung und liefern dem Gesprächspartner eher beiläufig Informationen. Beispiele sind etwa die „wegwerfende" Handbewegung oder das nervöse Nägelkauen.

ÜBUNG:

Gestik aktivieren

Wenn möglich, arbeiten Sie bitte mit einem Partner, ansonsten stellen Sie sich bitte vor einen Spiegel.

Sie haben nun die Aufgabe, Ihr Gegenüber eine Minute lang von einem wichtigen Thema zu überzeugen, nämlich der sensationellen Großartigkeit der Farbe BLAU!

Anschließend darf Sie Ihr Partner für eine nicht minder bedeutungsvolle Einzigartigkeit begeistern: die Farbe ROT! Los geht's! ☺

Farbe BLAU	Farbe ROT
z.B. Himmel	z.B. Feuer
Jeans	Liebe
Meer	Blut

Sie haben vermutlich sofort festgestellt, dass man eine Farbe nicht ohne ein dazugehöriges Bild erklären kann. Sobald dieses Bild im Kopf erscheint und Sie emotional (also mit Begeisterung oder Überzeugung) darüber berichten, schaltet sich die Gestik ein, um aktiv bei der Übermittlung der Botschaften zu helfen.

Welche Bilder haben Sie gefunden?

Diese Übung erweckt nicht nur die Gestik zum Leben, sie hat auch großen Einfluss auf Stimmfarbe und Mimik!

Tipp: Die Übung lässt sich auch gut mit dem Titel „Mein schönster Urlaub" absolvieren.

Bilder im Kopf regen unmittelbar Gestik und Mimik an.

Eine noch detailliertere Unterscheidung von „Gestiktypen" bietet David Mc Neill (*Hand and mind: What Gestures Reveal about Thought*, 1992). Er spricht von vier Gestikvarianten:

- **„Beats"** (Diese besonders in der Rhetorik zu findenden Gesten sind eng an den Sprachrhythmus gebunden und sollen die „Schlagkraft" des Arguments unterstützen. Häufig sehen wir sie bei Reden von Politikern.)

- **Deiktische Gesten** („Zeigende Gesten" unterstützen die Sprache durch konkretes Hinweisen auf Objekte, Orte und Richtungen. Sie begleiten oft Worte wie „da", „dort", „ich", „du" usw.)

- **Ikonische Gesten** (Sie unterstreichen bildliche und räumliche Vorstellungen. Objekte werden mit den Händen in Größe und Form nachgezeichnet, Aktionen körperlich dargestellt. Z.B. wenn jemand zeigen möchte, wie ein Stein in den Teich geworfen wurde. Hier können auch Informationen über Gewicht und Größe des Steins und Intensität des Wurfes mittransportiert werden.)

- **Metaphorische Gesten** (Diese Gesten haben ähnliche Eigenschaften wie ikonische, dienen aber auch zur Veranschaulichung abstrakterer Begriffe, wenn beispielsweise Phrasen wie „einerseits und andererseits" fallen und dabei zuerst mit der einen, dann mit der anderen geöffneten Hand die verschiedenen Themen räumlich sichtbar gemacht werden, um anschließend vielleicht im wahrsten Sinne des Wortes „beiseite gestellt" zu werden.

Kleine Kinder sprechen oft „mit Händen und Füßen", weil ihnen noch die Worte fehlen, um alles zu beschreiben. In der Schule werden wir angewiesen, möglichst still zu sitzen und nicht „herumzuhampeln". Dabei ist eine wirkungsvolle, lebhafte Körpersprache besonders wichtig für die gelungene Kommunikation miteinander! Lassen Sie Ihre Hände „mitreden". ☺

Weite Arme – große Offenheit

Würden Sie einem unbekannten Menschen mit weit geöffneten Armen entgegenlaufen? Vermutlich nicht. Die Arme zu heben, sie auszubreiten und so den Oberkörper möglichen Angriffen von außen auszusetzen, ist riskant. Verschränkte Arme bieten hingegen Schutz. Sie werden missverständlich häufig nur als Abwehrhaltung gedeutet, weil oft der Abstand zwischen den Gesprächspartnern erhöht ist. Zusätzlich kann diese Position, je nach Situation, aber verschiedene Funktionen haben. Kälte, Müdigkeit, eine unangenehme, unbekannte Situation oder auch eine sehr bequeme Zuhörerposition bewirken oft, dass wir die Arme nah am Körper halten, um so bei uns selbst und sicher zu sein. Je weiter wir die Arme ausbreiten, desto mehr können wir empfangen, aber auch senden.

Arme zeigen also unsere Bereitschaft zur „offenen" Kommunikation an.

Herabhängende Arme wirken teilnahmslos. Mit ihnen hängen auch die Schultern, was generell eine wenig aktive Körperhaltung darstellt und oft unbeteiligt oder sogar schwach wirkt. Denn nur mit aktiven Händen können wir „handeln".

Offen zu sein und seine Gefühle zu zeigen, erfordert Mut. In sicheren, überschaubaren Situationen können wir ausprobieren, unsere Arme auszubreiten.

ÜBUNG:

Die Gestik mit ausgebreiteten oder weit offenen Armen wirkt stark und einladend. Versuchen Sie bitte folgende Sätze in klare Gesten zu übersetzen:

- Ich könnte die ganze Welt umarmen!
- Ich habe gewonnen – Sieg!
- Kommt alle her zu mir!
- Meine Liebe zu dir ist so unendlich groß!

Wie fühlt es sich an, so offen zu sein? Wann haben Sie sich zuletzt so sehr „ausgebreitet"? Fällt Ihnen auf, dass die Handflächen bei den oben genannten Gesten immer nach oben gerichtet sind? Außer vielleicht bei dem Satz: „Ich kann fliegen."

ZUSATZÜBUNG:

Stellen Sie sich aufrecht hin und lassen Sie Ihre Arme seitlich am Körper hängen. Nun heben Sie die Arme langsam mit den Handflächen nach unten an, bis diese waagrecht ausgestreckt sind. Fühlen Sie das Gewicht Ihrer Arme? Wie schwer ist es, sie zu heben und zu halten?

Nun wiederholen Sie die Übung und drehen Sie dabei Ihre geöffneten Handflächen zum Himmel. Merken Sie, wie viel leichter sich die Arme heben und halten lassen? Ganz abgesehen davon, wie viel offener Sie wirken!

Ich will deine Hände sehen!

Gesten beschreiben, was wir sagen möchten. Manchmal sehr konkret, wenn es z.B. um die optische Darstellung der Zahl Drei geht. Manchmal aber auch subtil, etwa dann, wenn sich jemand an den Hals bzw. Nacken greift und so meist unabsichtlich Unwohlsein zum Ausdruck kommt. Mit den Händen können wir uns gut nonverbal verständigen. Die Gebärdensprache für Gehörlose ersetzt durch bestimmte Zeichen der Gestik und Mimik sogar gänzlich das gesprochene Wort. Üblicherweise begleiten Gesten unauffällig, was wir sagen. Wir sind daran so gewöhnt, dass uns das meistens weder an anderen noch uns selbst auffällt. Was wir jedoch sofort bemerken – und zwar meistens nicht positiv – ist, wenn wir die Hände des anderen nicht sehen können. Unsichtbare Hände verunsichern oft den Gesprächspartner. Wenn Handflächen sichtbar, also nach oben geöffnet sind, habe ich nichts zu verbergen. Was man nicht sehen kann, passiert sprichwörtlich „unter der Hand".

Tipp:

Versuchen Sie Ihre Hände für Ihren Gesprächspartner sichtbar zu platzieren, z.B. bei einem Bewerbungsgespräch auf dem Tisch oder im Stehen vor dem Körper, etwa auf Höhe des Nabels. Eine Handfläche sollte dabei nach oben geöffnet sein, die andere kann z.B. locker daraufgelegt werden. Sie wirken so automatisch grundsätzlich kommunikations- und handlungsbereit.

Eindruck mit Nachdruck – der Händedruck

Der Händedruck gilt in vielen Kulturen als Zeichen der Begrüßung. Schon bei diesem wesentlichen ersten Körperkontakt werden unbewusst viele Signale zwischen Gesprächspartnern ausgetauscht. Außerdem ist der Händedruck zumeist der erste tatsächliche Körperkontakt zwischen zwei Menschen, die sich nicht näher kennen. Für viele bedeutet Händeschütteln, einen Blick auf den Charakter des Gegenübers zu werfen und ihn anschließend nach persönlichen Erfahrungen einzuschätzen.

Sichtbare Hände sind ein gutes Zeichen und Sie haben sie sofort für Ihre Gestik „bei der Hand!"

ÜBUNG:

Händedruck

Welche Charaktereigenschaften eines Menschen bzw. welche Situationen verbinden Sie mit den folgenden „Händedruck-Sorten"?

- Fester Händedruck
- Feuchter Händedruck
- Lascher Händedruck
- Nur die Finger(spitzen) werden ergriffen, nicht die ganze Hand
- Händedruck, der in ewiges Händeschütteln mündet
- Kräftiger Händedruck, wobei zusätzlich die andere Hand Unterarm oder Oberarm berührt
- Händedruck, wobei die andere Hand die schüttelnden Hände umschließt
- „Schraubstock"- Händedruck
- Verdrehter Händedruck, von oben nach unten geführt

Wie gestaltet sich Ihr eigener Händedruck? Welcher der oben genannten Varianten entspricht er am ehesten? Würden Sie sagen, dass er etwas über Ihren Charakter aussagt? Was würde es für Sie bedeuten, nach dem Händedruck beurteilt zu werden?

Zu behaupten, der Händedruck sage schon alles über das Wesen eines Menschen aus, wäre vermutlich ein ebenso voreiliger Schluss, als würde man ein Buch nur nach seiner Umschlaggestaltung beurteilen.

„Menschenkenntnis ist der erste Schritt zum Irrtum."

Sigrid Tschiedl

Vermutlich sagt er oft mehr über die jeweilige Situation und die Beziehung zwischen zwei Gesprächspartnern aus als über den Charakter einer Person selbst. Dennoch ist ein Händedruck ein wichtiger Teil des ersten Eindrucks und soll uns besonders dazu anregen, ihn zu hinterfragen. Denn ebenso, wie wir andere kategorisieren und beurteilen, werden wir auch selbst von anderen in „Erfahrungsschubladen" gesteckt.

Hinterfragen Sie so oft wie möglich Ihre ersten Eindrücke und Vorurteile.

Tipp:

Der „kluge" Händedruck könnte in etwa so funktionieren: Es wird die ganze Hand des Gegenübers gefasst, er orientiert sich am Gegendruck, lässt dem anderen genügend individuellen Raum und kommt mit zwei- bis maximal dreimal „schütteln" aus.

Fingerspiele

Wer schon einmal wild mit dem Zeigefinger gefuchtelt hat oder damit bedroht wurde, weiß, wie dominant Gesten sein können und welche bedeutungsvolle Aufgabe sie in einem Gespräch übernehmen. Nicht nur Hände und Arme sind für die Gestik verantwortlich. Sogar jedem einzelnen Finger wird körpersprachlich eine ganz bestimmte Bedeutung zugeschrieben (siehe auch Samy Molcho: Alles über Körpersprache).

Die einzelnen Finger und ihre Bedeutung:

- **Daumen – Entwicklung und Halt**
  Greifbewegungen, Drehen und Schieben gehören zu komplexen Bewegungen der Hände, die erst durch den Daumen möglich werden. Er hat Kraft und ermöglicht es

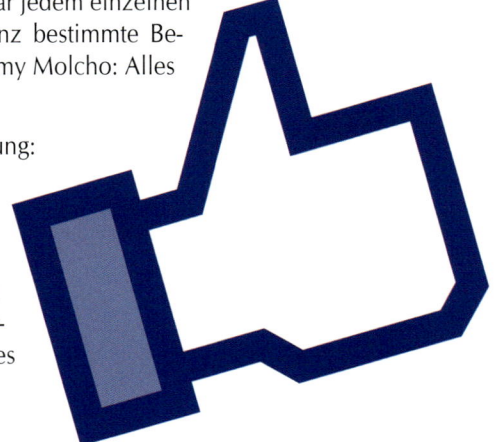

uns, Dinge zu „erfassen". Ohne den Daumen wäre also vieles nicht möglich. Den „Daumen hochzustrecken", ist im deutschsprachigen Raum und in den USA ein sehr klares Signal für „o.k., sehr gut, eins". In anderen Ländern hat der erhobene Daumen andere Symbolwirkung – z.B. in Japan „fünf" oder „fester Freund" oder in mehreren arabischen oder osteuropäischen Staaten beleidigend oder sexuell orientiert (siehe unten).

Der „Gefällt-mir"-Finger von Facebook hat sich als Symbol dennoch weltweit durchgesetzt.

■ **Zeigefinger – Dominanz und Besserwisserei**
Manchmal durch einen Gegenstand ersetzt oder verlängert, aber auch beim bloßen „Fingerzeig" ist der Zeigefinger besonders oft im Einsatz – eben um auf etwas zu zeigen. Er ist aber auch an der Fingerspitze äußerst sensibel. Wird er von oben nach unten geführt wirkt das sehr belehrend. Erhoben möchte man auf die eigene Klugheit hinweisen. Durch das Öffnen der Handfläche, selbst wenn der Zeigefinger ausgestreckt ist, wird die dominante Wirkung abgeschwächt.

> *„Wer auf andere mit dem ausgestreckten Zeigefinger zeigt, der deutet mit drei Fingern seiner Hand auf sich selbst."*
>
> Gustav Heinemann (1899–1976),
> deutscher Bundespräsident

■ **Mittelfinger – Selbstverwirklichung und Gestaltung**
Der längste Finger der Hand ist auch optisch ein Zentrum. Er ist stark in die Gestik eingebunden, wirkt aber selten dominant, außer er wird gegen jemand anderen herausfordernd erhoben. Selbstgestaltung, künstlerischer Ausdruck und Anerkennung der Persönlichkeit werden mit dem Mittelfinger verbunden. An der Spitze des Mittelfingers liegt auch ein Akupressurpunkt gegen depressive Verstimmungen.

■ **Ringfinger – Gefühle und Zuwendung**
An diesem Finger wird der Ehering getragen. Er symbolisiert Zuneigung und Zuwendung. Er bewegt sich oft zusammen mit dem Mittelfinger und steht für Sensibilität und Gefühl.

■ **Kleiner Finger – Status und Anerkennung**
Der kleine Finger ist nicht der Stärkste, gibt aber Aufschluss über den Wunsch nach gesellschaftlicher Anerkennung, Position und Rang eines Menschen – tatsächlich, erhofft oder rein als Imponiergehabe eingesetzt.

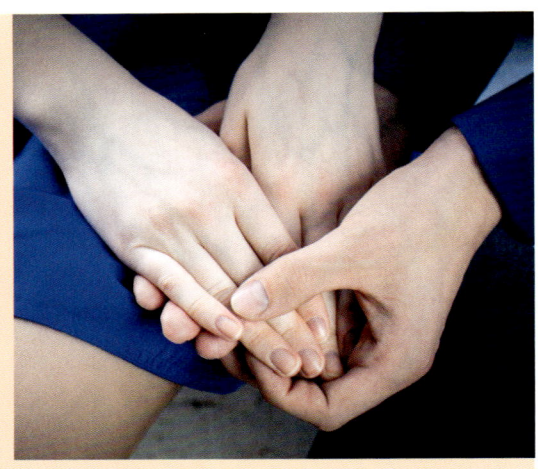

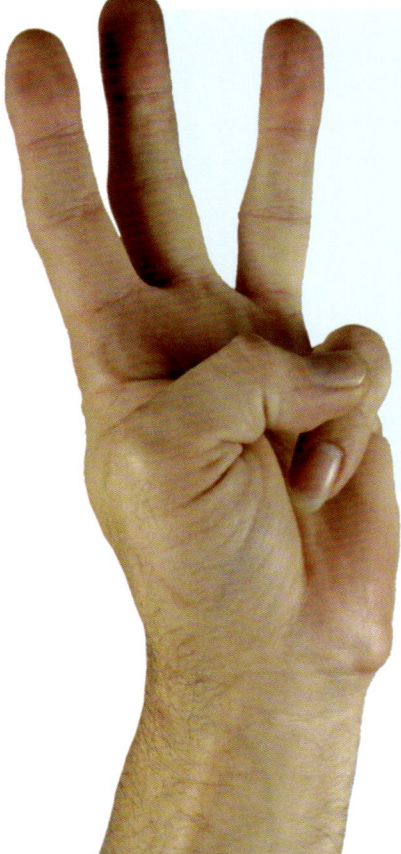

ÜBUNG:

Fingerspitzengefühl

Beobachten Sie zwei Menschen z.B. im Kaffeehaus, ohne ihr Gespräch zu belauschen. Welche Finger werden wie „behandelt", gestreichelt etc.? Können Sie Rückschlüsse auf Emotionen, Gesprächsthemen oder -verlauf ziehen? Welche Finger setzen Sie selbst oft in Gesprächen ein?

Achtung:

Körpersprache allgemein und besonders Gesten mit Händen und Fingern können kulturell sehr unterschiedlich sein!

Informieren Sie sich stets vor der Reise in ein fremdes Land, worauf Sie achten müssen, um mit scheinbar beiläufigen Gesten nicht in ein unliebsames Fettnäpfchen zu treten.

Auf den Internetseiten einiger Reiseveranstalter finden sich hierzu Anregungen und Übersetzungen von gängigen körpersprachlichen Signalen (siehe auch Seite 78/79).

Übrigens, in Quentin Tarantinos Film *Inglourious Basterds* enttarnt sich ein englischer Spion nur durch das falsche Handzeichen: Er bestellt drei Whisky, indem er dem Wirt drei Finger zeigt, den Ring-, Mittel- und Zeigefinger. Fatal! So bestellen Engländer, Deutsche nutzen dazu traditionell Daumen, Zeige- und Mittelfinger.

Mimik – von hungrigen Augen bis zum strahlenden Lächeln

Ein Blick sagt mehr als tausend Worte, ein Lächeln kann Eisberge zum Schmelzen bringen, ein trauriger Blick Steine erweichen. Unser Gesichtsausdruck transportiert und erzeugt Gefühle. 43 verschiedene Muskeln bilden unser mehr oder weniger abwechslungsreiches Mienenspiel (siehe Paul Ekman). Mit ihnen ist es uns möglich, tausende Emotionen im Gesicht auszudrücken – in dem Teil des Körpers, den wir üblicherweise im Blick haben, wenn wir miteinander sprechen. Der Variantenreichtum unserer Gesichtsausdrücke kann ausgesprochen vielfältig sein – und sich beinahe jeder Situation individuell anpassen. Er kann aber auch unsere wahren Gefühle verbergen.

Grundemotionen

Der US-amerikanische Anthropologe und Psychologe Paul Ekman hat sieben Grundemotionen (ursprünglich sechs) erforscht, die wir mit unserer Mimik ausdrücken und kulturell universell angeboren sind. Sie gehören somit nicht zum erlernten Sozialverhalte und werden weltweit verstanden. Unverfälscht erleben wir sie meistens in kurzen Erstreaktionen, bevor wir uns wieder unserem sozialen Kontext anpassen.

Zu den Grundemotionen gehören Freude, Wut, Angst, Trauer, Überraschung, Ekel, Verachtung (die letzten beiden wurden ursprünglich nicht getrennt betrachtet).

Die Vielfalt an Ausdrucksmöglichkeiten, die sich aus dieser Basismimik ergibt, ist schier unerschöpflich. Kleine Abweichungen lassen aus Freude Zufriedenheit oder aus Angst Unbehagen werden. Sich der Wirkung seiner Mimik bewusst zu sein und sie mit ihrer Vielfältigkeit einzusetzen, bereichert und klärt Kommunikation ungemein.

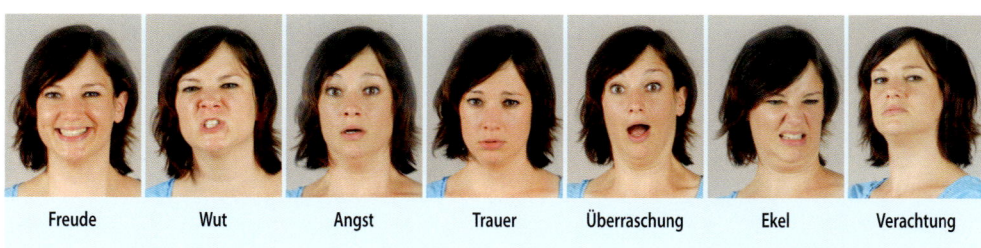

| Freude | Wut | Angst | Trauer | Überraschung | Ekel | Verachtung |

ÜBUNG:

Interpretation und Gesichtsausdrücke

Wie gut erkennen Sie Emotionen, die über die Mimik transportiert werden?

Ein kleiner Test soll Sie auf dieses Thema einstimmen. Wählen Sie zu den hier angeführten Fotos jene Gefühlsregung aus (a, b, c), die den Gesichtsausdruck am besten beschreibt. Ordnen Sie ihr auch in ihrer Ähnlichkeit eine der oben angeführten Grundemotionen zu.

1.
- ❑ a) enttäuscht
- ❑ b) müde
- ❑ c) gelangweilt

2.
- ❑ a) verärgert
- ❑ b) beleidigt
- ❑ c) überfordert

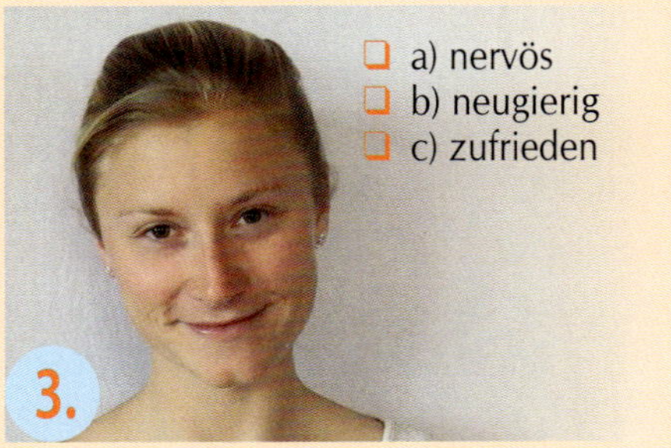

3.
- ❑ a) nervös
- ❑ b) neugierig
- ❑ c) zufrieden

4.
- ❑ a) abweisend
- ❑ b) nachdenklich
- ❑ c) besorgt

5.
- ❑ a) genervt
- ❑ b) arrogant
- ❑ c) verletzt

6.
- ❑ a) freundlich
- ❑ b) selbstbewusst
- ❑ c) romantisch

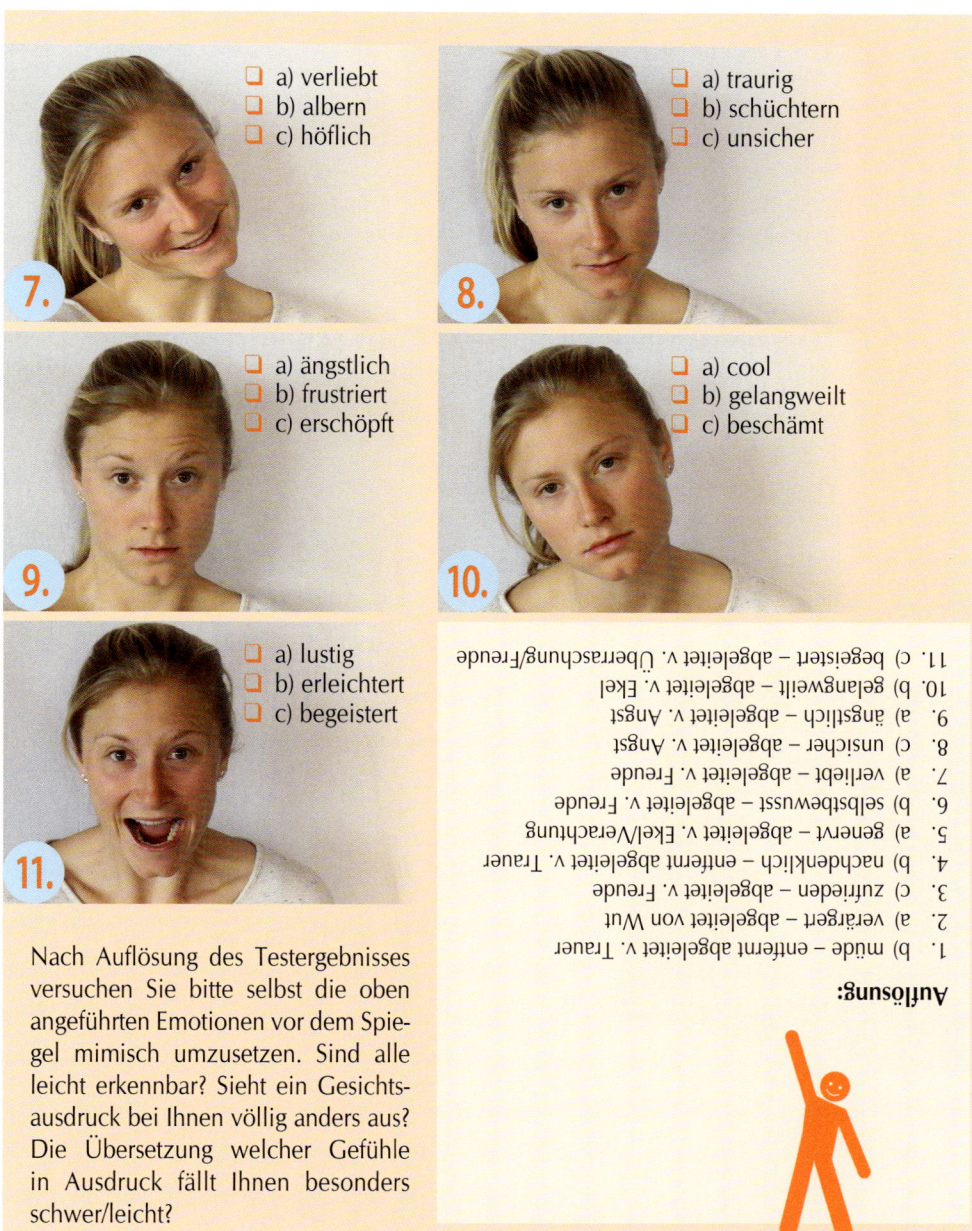

❏ a) verliebt
❏ b) albern
❏ c) höflich

7.

❏ a) traurig
❏ b) schüchtern
❏ c) unsicher

8.

❏ a) ängstlich
❏ b) frustriert
❏ c) erschöpft

9.

❏ a) cool
❏ b) gelangweilt
❏ c) beschämt

10.

❏ a) lustig
❏ b) erleichtert
❏ c) begeistert

11.

Auflösung:

1. b) müde – entfernt abgeleitet v. Trauer
2. a) verärgert – abgeleitet von Wut
3. c) zufrieden – abgeleitet v. Freude
4. b) nachdenklich – entfernt abgeleitet v. Trauer
5. a) genervt – abgeleitet v. Ekel/Verachtung
6. b) selbstbewusst – abgeleitet v. Freude
7. a) verliebt – abgeleitet v. Freude
8. c) unsicher – abgeleitet v. Angst
9. a) ängstlich – abgeleitet v. Angst
10. b) gelangweilt – abgeleitet v. Ekel
11. c) begeistert – abgeleitet v. Überraschung/Freude

Nach Auflösung des Testergebnisses versuchen Sie bitte selbst die oben angeführten Emotionen vor dem Spiegel mimisch umzusetzen. Sind alle leicht erkennbar? Sieht ein Gesichtsausdruck bei Ihnen völlig anders aus? Die Übersetzung welcher Gefühle in Ausdruck fällt Ihnen besonders schwer/leicht?

Das Gesicht wahren ... oder verlieren

Die Mimik ist jener Teil der Körpersprache, die wir scheinbar am besten unter Kontrolle haben. Wir haben gelernt, „gute Miene zum bösen Spiel" zu machen, unsere unmittelbaren Gefühle zu verbergen, um „situationsangepasst" zu reagieren. Körperspracheexperten können kleinste Regungen im Gesicht deuten und so zum Beispiel Lügnern auf die Spur kommen. Meistens steht uns also das, was wir denken und fühlen, ohnehin „ins Gesicht geschrieben". Allerdings ist es nicht für alle leicht zu deuten.

Mimik bedeutet, Emotionen zu zeigen. Selten erlebe ich in Seminaren oder Trainings zu viel von beidem. Dass das eine aktive, spannende, für beide Seiten bereichernde Kommunikation erschwert oder behindert, scheint vielen nicht klar. Die Angst, angreifbar zu sein und sich durch das Zeigen von Emotionen ungeschützt zu fühlen, verhindert oft klare, offene Mimik und Körpersprache.

Doch nur durch lebhaften Einsatz unserer Gesichtsmuskeln wirken wir interessant für unsere Gesprächspartner und klar im Ausdruck.

Die aktivsten Elemente unserer Mimik sind die Augen und der Mund. Beide werden ständig eingesetzt, um kleinste innere Regungen sichtbar zu machen.

Wer versucht, jede bewusste Gesichtsbewegung zu vermeiden, macht ein sogenanntes „Pokerface".

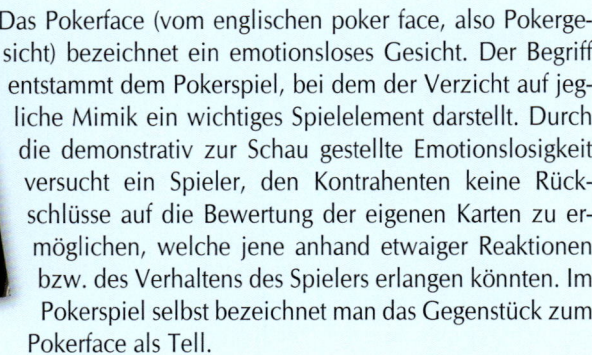

Das Pokerface (vom englischen poker face, also Pokergesicht) bezeichnet ein emotionsloses Gesicht. Der Begriff entstammt dem Pokerspiel, bei dem der Verzicht auf jegliche Mimik ein wichtiges Spielelement darstellt. Durch die demonstrativ zur Schau gestellte Emotionslosigkeit versucht ein Spieler, den Kontrahenten keine Rückschlüsse auf die Bewertung der eigenen Karten zu ermöglichen, welche jene anhand etwaiger Reaktionen bzw. des Verhaltens des Spielers erlangen könnten. Im Pokerspiel selbst bezeichnet man das Gegenstück zum Pokerface als Tell.

Der Begriff wird häufig im Alltag gebraucht, wenn eine Person in einer angespannten Situation keinerlei Regung zeigt, z.B. bei Verhandlungen oder vor wichtigen Veranstaltungen.

Quelle: https://de.wikipedia.org/wiki/Pokerface

> *„Das Lachen ist uns vergangen. Zu weinen haben wir nicht gelernt. Bleibt uns die Ausdruckslosigkeit als Lebensäußerung."*
>
> Nikolaus Cybinsky (geb. 1936),
> deutscher Lehrer, Autor und Aphoristiker

Ich empfehle klar, Emotionen und Reaktionen nicht hinter einer Maske zu verstecken! Die Vorteile überwiegen die Nachteile bei weitem. Kommunikation besteht aus Aktion und Reaktion. Bieten Sie Ihrem Kommunikationspartner keinerlei klare Aktion durch eine lebhafte Mimik, so ist die Reaktion entweder beliebig oder es kommt keine weiterführende Kommunikation zustande.

Jemanden mit Blicken töten oder ihn mit den Augen auffressen

Zuerst die gute Nachricht für alle, die dem Alter ein Schnippchen schlagen wollen: Ein wacher Blick altert nicht! Mit den Augen können wir aufmerksam und neugierig unsere Umgebung betrachten und Signale aussenden, die zeit- und alterslos aktiv wirken.

Viele kleine Muskeln beeinflussen die Qualität eines Blickes, wobei die Augen zum Teil unabhängig vom Mund agieren.

Die Augen zeigen immer die Richtung des Interesses an. Manchmal ganz direkt, indem ein Objekt oder Ziel konkret angesehen oder betrachtet wird, manchmal indirekt, wenn der Blick abschweift oder sozusagen „nach innen gerichtet ist".

Der Kopf folgt dabei meistens der Richtung, die die Augen vorgeben. Im Theater gibt es eine Regel, die lautet: „Zuhören tut man mit den Augen". Das bedeutet, Blick und Blickrichtung signalisieren, wem oder was man aufmerksam lauscht. Nicht nur Intensität und Qualität des Interesses, sondern auch Präsenz und Publikumswirksamkeit werden durch einen intensiven Blick oder funkelnde Augen erzeugt.

36

Die gängige Annahme, dass die Blickrichtung einen Lügner enttarnen kann, ist bereits seit einigen Jahren widerlegt. Lediglich die Orientierung der Augen hinsichtlich Aufmerksamkeit sowie unbeeinflussbare körperliche Reaktionen, wie z.B. Erweiterung der Pupillen (*body tells*, siehe Seite 65/66), sind belegbar.

ÜBUNG:

Was Worte nicht vermögen

Welche sprachlichen Bilder fallen Ihnen zum Thema Augen/Blick ein?

Beispielsweise ein interessierter Blick, ein stechender Blick, ein verträumter Blick, ein müder/wacher Blick, ein skeptischer Blick, ein sanfter Blick, ein flüchtiger Blick, hungrige Augen, glänzende Kinderaugen usw.

Probieren Sie bitte z.B. vor dem Spiegel bewusst einige dieser unterschiedlichen Blicke aus. Wie sehr setzen Sie Ihre Augen normalerweise mimisch ein?

„Kann der Blick nicht überzeugen, überred' die Lippe nicht."

Franz Grillparzer (1791–1872),
österreichischer Schriftsteller

Blickkontakt: ja bitte, nein danke!

Der Blickkontakt ist ein wesentliches Element des gelungenen ersten Eindrucks. Mit den Augen wird der erste Kontakt mit dem Gesprächspartner aufgenommen. Mit dem Blick senden wir das optische Signal, dass wir einander wahrnehmen.

Kommunikation kann entstehen. In unserer Kultur gilt es als Zeichen von Aufmerksamkeit und Wertschätzung, bei der Begrüßung Blickkontakt zu suchen.

Man möchte einander auf „Augenhöhe" begegnen. Das bedeutet, niemand muss den Blick senken und ist dem anderen unterlegen. Die Bedeutung des Blickkontakts ist kulturell sehr unterschiedlich. Sowohl gesellschaftlicher Status als auch Macht können hier maßgeblich sein (siehe Seite 142 ff).

Jeder Blickkontakt bedeutet auch eine „Konfrontation". Es wird vom anderen eine Reaktion erwartet. Wird das Schauen zum Starren oder der Blick durchdringend, so kann das für den Gesprächspartner sehr unangenehm werden. Dauer und Qualität des Augenkontakts sind entscheidend dafür, ob sich beide wohlfühlen.

Abwechslung ist hier das Stichwort. Direkter Blickkontakt kann für beide Seiten irritierend sein, es kann jedoch auch missverständlich sein, einem Blick auszuweichen. Den Blick abzuwenden und nach innen zu richten, ohne ein anderes Objekt zu sehr ins „Visier" zu nehmen, bietet trotz weiterer Aufmerksamkeit eine Pause – beim Zuhören wenden sich die Augen dabei meist tendenziell nach unten, beim aktiven Suchen nach Erinnerungen oder Erklärungen nach oben.

Besonders einladend wirken die Augen übrigens, wenn sie mit einem Lächeln „garniert" sind. ☺

Das Lächeln – ansteckend und sehr gesund!

Ein Lächeln verschönert auf natürliche Weise jedes Gesicht und bewirkt genau jene Mimikfältchen, die zeitlos sympathisch wirken. Menschen, die mehr lächeln, fühlen sich emotional und physisch wohler (vgl. Paul Ekman: Gefühle lesen).

Das Lächeln hat einige wunderbare Eigenschaften, die es zu einem absoluten Highlight der Körpersprache machen:

- Lächeln macht gute Laune. Schon eine kurze Zeit strahlend zu lächeln (auch ohne Grund!) bewirkt, dass Sie sich besser fühlen. Ursache dafür sind Endorphine, die der Körper automatisch ausschüttet.

- Lächeln wirkt selbstsicher, souverän und anziehend.

- Es verbessert Ihre Kommunikationsbeziehungen, weil es aufmerksam, interessiert und freundlich wirkt.

- Es überträgt sich auf andere – Sie bekommen es vielfach zurück.

- Jedes Gesicht wird durch ein Lächeln schöner!

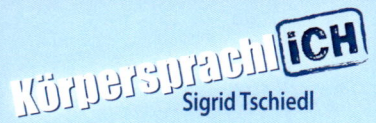
38

Übrigens: Wenn Sie in den Spiegel lächeln, lächelt garantiert jemand zurück!

Wichtig: Nur wenn die Augen am Lächeln beteiligt sind, wirkt es offen und herzlich!

ÜBUNG:

Lächeln ins Gesicht zaubern

Lächeln kann man durch Anregung von außen, aber auch von innen bewirken.

Denken Sie bitte an ein wunderbares, unvergessliches Erlebnis: z.B. Ihre erste große Liebe, Ihren wunderschönsten Urlaub, einen besonderen Moment, in dem Sie auf Händen getragen wurden, wie Sie jemanden glücklich gemacht haben ... Suchen Sie in Ihrer Erinnerung nach einem Highlight Ihres Lebens, das ein einmaliges Wohlgefühl in Ihnen ausgelöst hat. Nun lassen Sie diese angenehme Emotion sich in Ihrem Gesicht wie eine Welle ausbreiten und genießen Sie den Moment. ☺

Ein kleiner Tipp: Wenn Ihnen etwas gefällt, sagen Sie das Ihrem Gesicht!

Der Mund spricht mehr als Worte

Aktive Mimik ist Fitness für das Gesicht. Sie ist anstrengend, aber es lohnt sich. Jede Bewegung zeichnet unser „Antlitz" und macht es einzigartig markant.

Seien wir realistisch: Wir arbeiten gegen die Schwerkraft.

Meine Großmutter pflegte zu sagen: „Bis dreißig hast du das Gesicht, das Gott dir gegeben hat, danach hast du das Gesicht, das du verdient hast." ☺

Wangen übertragen die Mimik zwischen Mund und Augen. Den Impuls dazu gibt meistens der Mund (außer beim spontanen, herzlichen Lächeln, da ist es umgekehrt). Unter den bereits beschriebenen Grundemotionen befinden sich leider vorwiegend negative. „Freude" und vielleicht noch (positive) „Überraschung" mit allen ihren Varianten haben es also nicht leicht, sich gegen „Trauer, Angst, Ekel und Wut" durchzusetzen. Umso wichtiger ist es, ihnen Raum im Gesicht zu geben.

Das Motto lautet also: „Mundwinkel nach oben!"

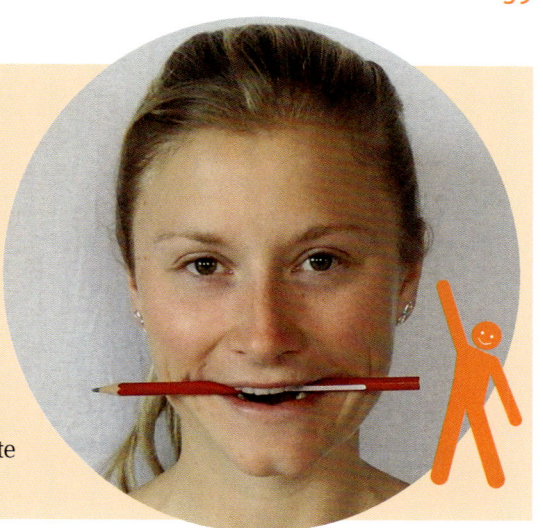

ÜBUNG:

Kleines Fitnessprogramm für Ihr Gesicht

Klemmen Sie sich bitte eine Minute lang einen Bleistift zwischen die Zähne und versuchen Sie, ihn nicht mit den Lippen zu berühren.

Diese kleine Übung ist nicht nur gut für Ihre sympathisch-freundlichen Mimikfältchen, sie erzeugt auch sofort gute Laune. ☺

Mund auf – Mund zu

Unseren Mund verwenden wir, um Worte abzugeben und Nahrung aufzunehmen. Er ist zentral in unserem Blickfeld, wenn wir mit jemandem direkt kommunizieren. Viel Symbolik der Körpersprache wird daher über den Mund interpretiert.

Hierzu einige Beispiele:

- Volle, leicht geöffnete Lippen sind starke Signale, die unsere gustatorischen Sinne anregen sollen. In der Werbung werden Sie z.B. sehr bewusst eingesetzt, um Menschen auf den „Geschmack" eines Produktes zu bringen. Rote oder befeuchtete Lippen bieten einen sexuellen Anreiz.

- „Mach den Mund auf beim Reden", wird Menschen geraten, die undeutlich sprechen, weil sie den Mund sparsam bewegen. Dabei unterstützt eine deutliche Artikulation nicht nur eine abwechslungsreiche Mimik, sondern auch die Stimme.

- Mit dem Mund ist es ein wenig so wie mit den Händen. Verbirgt man ihn, hat man scheinbar etwas „zu verbergen". Vielleicht sollen Informationen zurückgehalten werden oder man nimmt sich im wahrsten Sinne des Wortes „ein Blatt vor den Mund", ist unsicher, rat- oder sprachlos. Ob jemand absichtlich lügt, wenn er den Mund verdeckt, ist allerdings nicht erwiesen.

- Jedoch erschweren Sie dem Gesprächspartner durch das Verdecken des Mundes den Blick auf einen wesentlichen Teil der Mimik. Somit kann Ihnen auch niemand von den „Lippen lesen". ☺

- Wenn Lippen zusammengepresst sind, ist das ein starkes Zeichen von Abwehr und Verweigerung. Nichts kann aus dem Mund heraus, nichts hinein. Entspannte oder angespannte Lippen spiegeln den Spannungszustand in der Kommunikation wider.

- „Zunge zeigen tut man nicht …" Tatsächlich gibt es viele Interpretationsmöglichkeiten, wenn es um das Zungezeigen geht. Diese reichen von Schadenfreude und Beleidigung bei einer großen Bewegung bis zum Befeuchten der Lippen bei Nervosität oder Flirtsignalen. Also Vorsicht bei der Deutung, und bei offiziellen Anlässen sollte die Zunge bleiben, wo sie hingehört – im Mund.

*„Kindermund tut Wahrheit kund" –
nicht nur verbal*

ÜBUNG:

„Auf den Mund geschaut"

Emoticons arbeiten mit stilisierten Gesichtsausdrücken, die Stimmungen ausdrücken sollen. Damit sollen Worte, die digital z.B. per Computer oder Handy vermittelt werden, Gefühlen zugeordnet werden und somit eindeutiger ankommen.

Welche Stimmungen sollen mit den hier angeführten adaptierten Smileys ausgedrückt werden? Würden Sie Ihre Worte in einem direkten Gespräch ebenso mimisch untermauern?

Distanz – wo/wie stehe ich zu dir?

Kommunikation bedeutet Beziehung zwischen Menschen. Der Abstand, den wir zueinander halten, und die Nähe, die wir zulassen, sind bedeutsame Zeichen der Körpersprache. Nicht umsonst fühlen wir uns schnell unwohl, wenn uns jemand „zu nahe tritt" und unseren Individualabstand nicht respektiert. Jemanden an sich „heranzulassen", ist hingegen ein Zeichen von Vertrauen. Distanz ist eine besonders kultur- und statusabhängige Komponente der Körpersprache. Es geht dabei oft um Territorien und Macht. Außerdem ist sie sehr persönlich behaftet. Man möchte oder kann nicht die Nähe jedes Menschen zulassen.

Welche Position wir zu jemandem einnehmen, ist genauso bedeutsam wie der Abstand, den wir zueinander einnehmen. Stehen wir Seite an Seite im „Schulterschluss" und nehmen so die gleiche Perspektive ein oder wollen wir einander frontal die „Stirn bieten" und so konträre Ansichten vertreten?

Körpersprache ist dreidimensional. Das bedeutet, dass zusätzlich zu Abstand und Winkel auch der „Höhenunterschied" bestimmt, wie wir Gestik, Mimik und Haltung gestalten.

Distanzzonen – Abstände und Umstände

Proxemik (von lateinisch proximus „der Nächste") wird jener Teil der Körpersprache genannt, der sich mit der Distanz zwischen den Gesprächspartnern beschäftigt. Sie umfasst Abstände, Augenhöhe, Richtung und Berührung in der nonverbalen Kommunikation (siehe Wikipedia „Proxemik").

In den 1960er Jahren begann Edward T. Hall mit der Erforschung von räumlichen Distanzen und Wirkung.

Distanzen werden in vier Zonen eingeteilt:

■ **Intimzone** – ca. 50 cm rund um den Körper. Rein darf nur, wer eingeladen ist! Hier zeigt sich besondere Zuneigung zwischen Menschen – vorbehalten zumeist Intimpartnern und Verwandten. Es kann auch zu Berührungen kommen. Frontales Eindringen in die persönliche Intimzone wird meist als besonders unangenehm empfunden. Der Körper stellt sich dann auf Angriff oder Flucht ein. Kulturell und

Intimzone:
exklusiv und gefühlvoll

Persönliche Distanz:
vertraulich und freundschaftlich

Soziale Distanz:
Neben-, aber nicht unbedingt miteinander

Öffentliche Distanz:
offizielle Einzelrolle

persönlich zeigen sich große Unterschiede in der Wahrnehmung der individuellen Intimzone.

■ **Persönliche Distanz** – zwischen 50 und 120 cm. Jeweils eine Armlänge Abstand, gängig bei Gesprächen zwischen Freunden und guten Bekannten. Ein Händeschütteln ist möglich. Kommt es zu einem ungewollten Eindringen in die persönliche Distanzzone bzw. (äußere) Intimzone an öffentlichen Plätzen, wo ein Ausweichen nicht möglich ist, z.B. in einer überfüllten U-Bahn, entsteht ein spannends Phänomen. Andere, unbekannte Menschen werden als „Non-Person" behandelt. Das bedeutet, sie werden durch fehlenden Blickkontakt oder Unbeweglichkeit ignoriert. Dieses Verhalten ist anerzogen und kann ebenfalls kulturell sehr variieren.

■ **Soziale Distanz** – 120 bis 360 cm. Betrifft bestimmte sozial gleich gesinnte Gruppierungen oder alltägliche Verrichtungen mit mehr oder weniger unbekannten Personen, z.B. Gespräch mit dem Postboten, Vorgesetzte hinter einem Schreibtisch etc. Berührungen sind auf diese Distanz nicht mehr möglich, Wahrnehmung und Anerkennung anderer sehr wohl.

■ **Öffentliche Distanz** – ab 360 cm. Persönliche Beziehungen haben aufgehört, jeder agiert als Einzelner, z.B. ein Redner vor dem Publikum oder ein Schauspieler auf der Bühne. Doch auch auf diese Distanz wird weiterhin miteinander kommuniziert. Jetzt geht es aber um eine öffentlich verkörperte Rolle (siehe Seiten 127 und 149)!

Aus dem richtigen Winkel betrachtet ...

Wer jemandem „die kalte Schulter zeigt", schließt ihn aus den ersten drei Zonen aus. Teilnahme an der Kommunikation und Gruppenzugehörigkeit des anderen sind unerwünscht. Ein sehr starkes, nicht immer beabsichtigtes Signal, auf das Sie achten sollten, wenn Sie mit mehreren Menschen gleichzeitig sprechen. Ein offener Winkel schließt alle Gesprächspartner mit ein. Er verhindert außerdem unerwünschte frontale Begegnungen, die als herausfordernd oder angriffig wahrgenommen werden können.

ÜBUNG:

Nähe/Distanz: Wirkung entdecken

Gehen Sie bewusst auf jemanden, mit dem Sie nicht zu vertraut sind, zu, der z.B. sitzend oder stehend auf Sie wartet. Dringen Sie bewusst frontal in seine/ihre Intimzone ein, indem Sie sich mit geöffneter Körperhaltung sehr nahe zu ihm/ihr stellen. Beobachten Sie die unmittelbare Wirkung dieses körpersprachlichen Phänomens. Was bemerken Sie an sich selbst und Ihrem Gegenüber? Wie reagiert er/sie? Wie fühlt es sich an, ungefragt jemandem plötzlich so nahe zu sein? Ab welcher Nähe reagieren Sie, wenn Ihnen jemand zu nahe „tritt"?

Sich Platz schaffen und Raum einnehmen

Körpersprache braucht Platz. Damit ist nicht wildes Gestikulieren und breitbeiniges Auftreten gemeint. Vielmehr geht es um den Transport von Botschaften. In einem Abstand von ca. einer Armlänge zum Gesprächspartner lassen sich angemessene Gestik und Haltung offen und gut platzieren. Je größer der Abstand und je mehr Zuhörer z.B. ein Redner oder Schauspieler hat, desto raumgreifender wird die Gestik und „gesichtsgreifender" die Mimik. ☺

Dominanz und Territorialverhalten sind spannende körpersprachliche Phänomene. Sie betreffen sowohl den Inhalt des Gesagten als auch die Beziehung zum Gesprächspartner.

Imponiergehabe oder das offene Zurschaustellen von Status via Haltung, Gestik und Mimik sind Zeichen sozialer Rangordnungen. Diese sind sowohl situativ als auch kulturell sehr unterschiedlich und einem ständigen Wandel unterworfen. Körpersprache – und wie sie interpretiert wird – verändert sich!

Wer jemand anderem ungefragt zu nahe kommt, erzeugt schnell Unbehagen.

Mit einer bestimmenden Gestik möchte man sich gelegentlich Respekt verschaffen.

War es noch vor einigen Jahrzehnten klar geregelt, wer wem zuerst die Hand entgegenstrecken oder sich setzen darf, verschwimmen heute die Hierarchien häufig. Es sind neue Führungskräfte gefragt, die ihren Mitarbeitern auf Augenhöhe begegnen und teamfähig sind, ohne sich zu sehr auf ihre Macht zu berufen. Man nennt sie auch „Statusspieler" (siehe Seite 148).

Dennoch wirken nach wie vor Signale der nonverbalen Kommunikation stark und unmittelbar. Die Absicht bestimmt die Wirkung entscheidend mit.

Wer seine Ellbogen in die Seiten stemmt, möchte vermutlich mehr Platz einnehmen und Durchsetzungskraft zeigen. Wer besonders breitbeinig dasitzt, demonstriert ebenfalls auf dominante Art Platzanspruch. Bewegungen, die von oben nach unten gehen, können zusätzlich sehr einschüchternd oder respekteinflößend wirken. Auch das unangekündigte „Besetzen" von fremden Orten oder das Inanspruchnehmen von Raum – z.B. über den Schreibtisch in den Bereich eines anderen greifen – zeigt Dominanz.

Achtung: Dominanz, ein hier vermutlich eher negativ besetzter Begriff, und Selbstvertrauen als positives Gegenstück können körpersprachlich optisch sehr ähnlich wirken! Entscheidend ist, ob sich das Gegenüber bedrängt und angegriffen fühlt oder nicht! Hier ist besonders feinfühlig und selbstreflexiv auf die Situation zu achten!

Wer seinen eigenen Wirkungsbereich in die Intimzone eines anderen hinein ungefragt ausdehnt, verletzt dessen Territorium. Meistens wird dies mit Abgrenzung oder Rückzug, seltener mit einem Gegenangriff (siehe Seite 57 ff) quittiert. Die Distanz wird mehr oder weniger bewusst vergrößert. Ein vor den Oberkörper gehaltener Gegenstand – wie eine Tasche oder eine Mappe – erzeugt eine optische Mauer, die vor zu viel Nähe schützt.

Das berühmte Rednerpult erzeugt einen künstlichen Mehrabstand zwischen Redner und Zuschauer.

> **Tipp**: Wenn Ihnen jemand „auf die Pelle rückt", stellen Sie einen Fuß bewusst nach vorne und bleiben mit dem anderen stehen. Der Oberkörper bleibt aufrecht und weicht nicht zurück. Das vergrößert den Abstand zu Ihrem Gesprächspartner automatisch.
>
> Oder aber Sie verändern den Winkel zu Ihrem Gesprächspartner um einige Grade und eröffnen einander so neue, weniger „frontale Perspektiven".

Um selbst Nähe zu jemandem aufzubauen ohne dominant zu wirken, empfiehlt sich die sogenannte „Als-ob-Berührung" (vgl. Samy Molcho): Dabei heben Sie zum Beispiel die Hand zu jemandes Schulter, um ihn zu einem Sitzplatz zu begleiten, ohne die Person tatsächlich zu berühren.

Beim Tanzen ist der Abstand zwischen den Partnern sehr bedeutsam.

Lateinamerikanische Tänze, die besonders körperbetont und emotional im Ausdruck sind, erfordern große Offenheit und Bereitschaft zu körperlicher Nähe.

„Das ist mein Tanzabstand, und das ist deiner."

Zeigt her eure Füße

Mimik und Gestik scheinen wir mit etwas gutem Willen zumeist unter Kontrolle zu haben, auch die Haltung lässt sich mit etwas Mühe regulieren. Selten jedoch ist uns bewusst, was die Füße gerade tun.

Füße sind ähnlich wie Handflächen sehr sensible Körperteile. Meistens stecken Sie jedoch in Schuhen und Socken und sind so nicht in direktem Bodenkontakt.

Durch die Fußreflexzonen wissen wir, dass der Fuß Stimulationen aus dem gesamten Körper erhält, was beispielsweise auch bei Heilmassagen Beachtung findet.

Füße zeigen ebenso wie der Blick die Interessensrichtung im Gespräch. Die meisten Körperspracheexperten raten dazu, hier weniger auf Gesicht und regulierbare Gestik zu achten, als vielmehr auf die Position der Füße. Sie gelten als ehrlich und schwer zu beeinflussen.

Unsere Gedanken bewegen sich ständig. Deshalb tun es auch unsere Füße. Standpunkte werden aufgegeben, neue eingenommen, man verändert die Perspektive, hat unterschiedliche Gesprächsinteressen. All das kann durch die Art, wie wir stehen, ausgedrückt werden.

Hier einige wenige Fuß- und Beinstellungen im Stehen zur Interpretier- und beliebigen Kombinierbarkeit – natürlich immer situationsabhängig: ☺

Hüftbreiter Stand	neutral, beweglich
Breitbeiniger Stand	dominant, kämpferisch
Schmaler Stand	unsicher, unbeweglich
Fußspitzen nach vorne	Interesse, Aufmerksamkeit
Fußspitzen nach außen	Selbstsicherheit
Eine Fußspitze seitlich nach außen	Interesse an Nebeninformationen, zusätzlicher Interessenschauplatz

Eine Fußspitze zeigt nach innen	Unsicherheit
Beide Fußspitzen zeigen weg vom Gesprächspartner	sich aus dem Gespräch verabschieden wollen
Auf einem Bein stehen, ein Stand-bein – Spielbein (Körpergewicht ruht hauptsächlich auf einem Bein, während das andere frei beweglich ist)	Flexibilität, Zuversicht
Füße stehen auf der Innenkante	Verkrampfung
Füße stehen auf der Außenkante	Nervosität
Fersenstand	sich unwohl fühlen, Rückzugstendenz
Ballenstand	Ungeduld, Dynamik

Über das Heben der Fußspitze gibt es verschiedene Ansichten. Manche sagen, es bedeutet Freude und gute Laune, also buchstäblich vom Boden abzuheben (vgl. Joe Navarro).

Andere sehen darin die Tendenz, den Bodenkontakt zu verlieren, z.B. für Flucht (vgl. Samy Molcho), oder um im wahrsten Sinne des Wortes in einem Gespräch „auf die Bremse zu treten".

Und für wieder andere ist das Zeigen der Fußsohle von vorne, z.B. beim Sitzen, ein Zeichen von absoluter Überheblichkeit (z.B. im arabischen Raum, vgl. Seite 79).

Ich denke, dass jede Bedeutung im passenden Kontext möglich und stimmig sein kann.

Was meinen Sie?

ÜBUNG:

„Stand-Arten"

Bauen Sie aus den oben angeführten „Einzelbausteinen" einige verschiedene Varianten von Standpositionen, z.B. ein Standbein, ein Spielbein, ein Fuß nach innen …

Nun verifizieren Sie selbst, ob die vorgeschlagenen Deutungen für Sie stimmen.

Wenn einer mit beiden Beinen fest am Boden steht, kann die andere schon mal „abheben". ☺

Zusammenspiel

Haltung, Gestik, Mimik und Distanzzonen bilden also zusammen unsere Körpersprache. Je besser sie harmonieren, also je stimmiger alle zusammenwirken, desto klarer kommunizieren wir. Flüssige Bewegungen werden als entspannt, locker, selbstsicher und dynamisch wahrgenommen – er/sie ist ein lässiger Typ. Im Gegensatz dazu wirken starre oder abgehackte Bewegungen bzw. der stark reduzierte Einsatz körpersprachlicher Mittel oft unsicher, unnahbar, eventuell verkrampft oder sogar abweisend.

Je mehr Offenheit der Körper ausstrahlt und je mehr Bewegungen tendenziell nach oben gehen, desto angstfreier werden wir wahrgenommen.

Angstfrei und entspannt zu sein und gesehen zu werden, ist wohl der Wunsch eines jeden. Das Wunderbare an der Wirkung der Körpersprache ist nun, dass sie sowohl von außen nach innen als auch umgekehrt funktioniert und einzigartig in Situationen wirkt.

Äußerliches Lockern und Entspannen der Körperteile bewirkt auch innerliches Loslassen.

Motivation, Freude, Gelassenheit, Stärke, Selbstbewusstsein und Offenheit – all das kann über Körpersprache aus beiden Richtungen erreicht werden.

Lassen Sie uns also in den kommenden Kapiteln gemeinsam daran arbeiten, innerlich und äußerlich, persönlich und individuell mit dem Körper zu sprechen. Viel Spaß bei dieser spannenden Erlebnisreise. Ich verspreche Ihnen, Ihr Körper wird Sie nicht im Stich lassen! ☺

Kapitel 2

Körpersprache –
wie geht das?

Wenn wir uns fragen, wie Körpersprache funktioniert, kommen wir an bestimmten Grundsätzen, Regeln und Funktionsweisen nicht vorbei; wie bei jeder Sprache, wo zuerst Grammatik und Vokabeln erlernt werden müssen, um später wieder vergessen zu werden, weil man einfach automatisch weiß, wie sie funktioniert. Haben Sie schon einmal versucht, jemandem Ihre Muttersprache zu erklären, also Redewendungen, Basisgrammatik, Satzbau? Es ist gar nicht so einfach, etwas zu erklären, das man täglich verwendet. Was uns im wahrsten Sinne des Wortes „in Fleisch und Blut" übergegangen ist, hinterfragen und verändern wir selten. Doch gerade darin liegt sehr spannendes Entwicklungspotenzial. Sich selbst, andere und bestehende Systeme zu hinterfragen, ist der erste Schritt zu selbstbestimmter Ausdrucksgestaltung.

Von der bunten Praxis zur spannenden Theorie

Die Geschichte der Kommunikation ist eine Geschichte voller Missverständnisse. Was kommt wie an und warum? Oder warum nicht? Wie funktioniert die Nachrichtenübertragung zwischen Menschen? Betrachten wir zuallererst die praktische Umsetzung der Körpersprache, bevor wir uns anschließend auf die Ursachen und vorausgehenden Hirnaktivitäten konzentrieren.

Bereits 1969 hat Paul Watzlawick („Anleitung zum Unglücklichsein") drei Grundregeln (Axiome) zur zwischenmenschlichen Kommunikation beobachtet und festgehalten. Die ersten beiden beziehen sich fast ausschließlich auf Körpersprache:

■ Man kann nicht *nicht* kommunizieren!
Anders gesagt: Man kommuniziert immer! In dem Moment, wo zwei oder mehrere Personen einander physisch wahrnehmen, entsteht Kommunikation. Wir senden und empfangen – auf verschiedenen Kanälen – mit Augen, Ohren, mit dem Tastsinn und der Nase.

■ Kommunikation ist auch *immer* nichtsprachlich.
Auch ohne Worte übermitteln wir Botschaften – ein skeptischer Blick, hochgezogene Schultern, ein dominanter Gang, ein freundliches Lächeln … Nonverbale
Kommunikation findet anstatt, zusätzlich oder parallel zum gesprochenen Wort
statt und beinhaltet zahlreiche weitere Botschaften und Signale, die bei den Kommunikationspartnern ankommen. Der Interpretationsspielraum ist dabei sehr weit
gefasst und sehr von den persönlichen Erfahrungen und Einstellungen des Empfängers der vermeintlichen Botschaft geprägt. Paul Watzlawick meint dazu: „Entscheidend ist nicht, was A gesagt hat, sondern was B verstanden hat." (Siehe auch das
Vier-Seiten-Modell von Friedemann Schulz von Thun im Buch Tschiedl, Szeliga:
KommUNIKATion, Seite 65 ff)

■ In der Kommunikation empfinden wir unser Verhalten immer als *Reaktion* auf das
Verhalten anderer.
„Wie man in den Wald hineinruft, so schallt es wieder heraus." Dieses alte Sprich-
wort weist darauf hin, dass das eigene Verhalten von anderen widergespiegelt
wird. Die Regel Watzlawicks geht allerdings einen Schritt weiter, denn sie geht
davon aus, dass wir nicht in jeden Wald gleich hineinrufen. Stattdessen machen
wir den Wald dafür verantwortlich, wie wir in ihn hineinrufen.
Sie grüßt jemanden nicht, weil er sie nicht angelächelt hat. Er hingegen lächelt
nicht, weil sie ihn nicht gegrüßt hat. Jeder denkt also, er reagiert auf den anderen.
Die Frage ist nur, wer angefangen hat. Oder anders gesagt: Was war zuerst da, die
Henne oder das Ei? ☺

Versuchen Sie folgende Übung, die die drei Grundregeln der Kommunikation an-
schaulich vereint:

ÜBUNG:

Zugübung

Suchen Sie sich eine/n Partner/in und spielen Sie mit ihm/ihr folgendes Szenario
durch (wenn Sie alleine üben möchten, dann nehmen Sie bitte beide Rollen nacheinander ein):

Sie sitzen gemeinsam in einem Zugabteil. Einer der Übungsteilnehmer ist A, einer B.

Der Zug fährt vor sich hin und A möchte sich gerne mit B unterhalten, ins Gespräch
kommen, sich/etwas mitteilen. B hingegen möchte schlicht und einfach seine/ihre
Ruhe haben und nicht mit A in Kontakt treten. Versuchen Sie Ihre Rolle (A oder
B) eine Minute lang konsequent durchzuhalten, danach tauschen Sie die Rollen.

Welche nonverbalen Kommunikationssignale haben Sie benutzt? Wie haben Sie
Ihrem Gegenüber gezeigt, dass Sie nicht oder eben doch an einem Gespräch interessiert sind?

Welche der angeführten (körpersprachlichen) Signale haben Sie benutzt?

A – ich möchte mich gerne unterhalten	B – ich möchte kein Gespräch führen
sich dem Gesprächspartner zuwenden	sich abwenden
vorbeugen	Arme verschränken
Blickkontakt suchen	Aus dem Fenster sehen (kein Blickkontakt)
offene Fragen (sogenannte W-Fragen) stellen (wer, wie was ,warum, wann, wo,...)	kurze Antworten geben
lächeln	wenig Mimik
...	...

Hier können noch weitere Antworten stehen:

z.B. A: Gemeinsamkeiten suchen, ein Getränk anbieten, offene Gestik etc.

z.B. B: ein Buch lesen, Ohrstöpsel verwenden, ins Handy schauen, ernstes Gesicht, direkt ansprechen, dass man sich nicht unterhalten möchte, Distanz halten, ...

Welche Rolle fiel Ihnen schwerer? Falls Sie einen Übungspartner hatten: Hat vielleicht A oder B Sie dazu gebracht, Ihre Rolle aufzugeben und zu seiner/ihrer zu wechseln? Wenn ja: Haben Sie vielleicht nicht eindeutig kommuniziert? Haben Sie sich unbewusst zu-/abgewandt? Haben Sie doch ausführlicher geantwortet, als sie wollten? Oder gingen Ihnen nach kurzer Zeit die Fragen aus?

In der „Zugübung" sind alle drei Axiome Watzlawicks erlebbar. Jeder von uns verwendet intuitiv mehr oder weniger klare körpersprachliche Signale, um zu zeigen, was seine Absichten sind. Besonders die dritte Regel ist spannend zu erleben, wenn spürbar wird, dass wir gerne auf die Signale unseres Gesprächspartners reagieren möchten. Manchmal denken wir, uns auf einen vermeintlichen Wunsch unseres Gesprächspartners einstellen zu müssen. Zumeist setzt sich schlussendlich der Dominantere durch, und das muss nicht zwangsläufig derjenige sein, der spricht. ☺

Am Anfang war das Hirn

Wir alle folgen also gewissen Regeln der Kommunikation. Aber warum?

Wenn man sich fragt, wo und wie Körpersprache entsteht, so kommt man an der ultimativen Kommandozentrale des Menschen nicht vorbei – dem Gehirn.

Aktive nonverbale Kommunikation bedeutet Verbindung von Sprache und Bewegung zur Entschlüsselung, Übersendung und Verdeutlichung von Botschaften. Dass dieser Vorgang hoch komplex ist, liegt auf der Hand. Eine ungeheure Vielzahl an Informationen muss dabei von unserem Gehirn auf verschiedensten Gebieten verarbeitet werden. Jeder Bereich spielt dabei seine eigene, entscheidende Rolle. Besonders die Zusammenarbeit (das Zusammenspiel) der einzelnen Hirnareale, die mit der Aufnahme, Analyse und Herstellung von Kommunikationsreizen beschäftigt sind, ist spannend zu erforschen und gibt Wissenschaftlern immer wieder neue Rätsel auf.

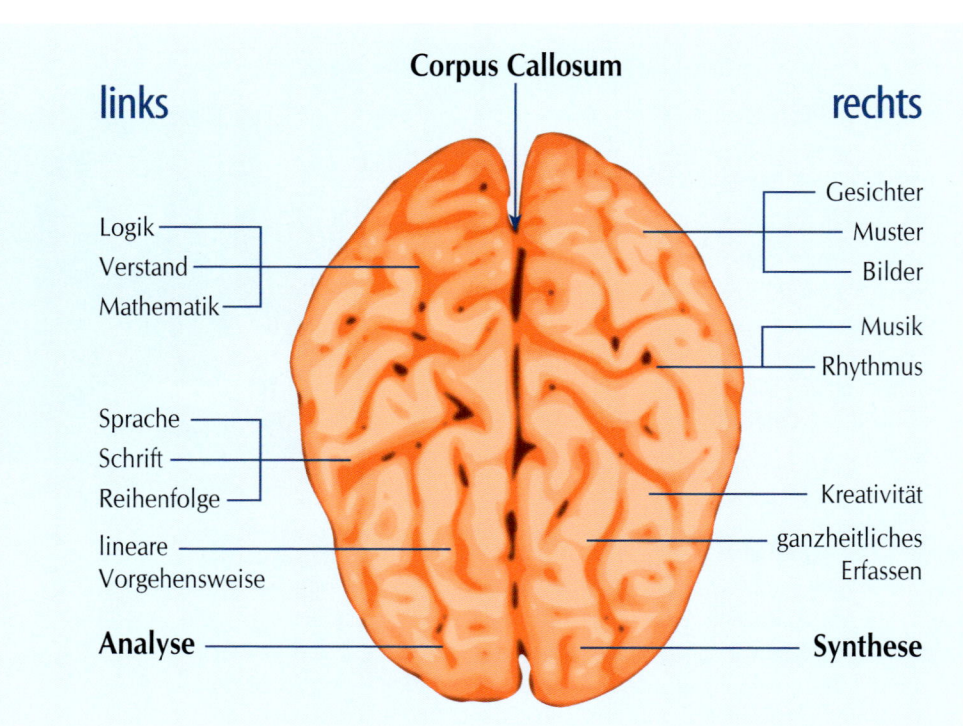

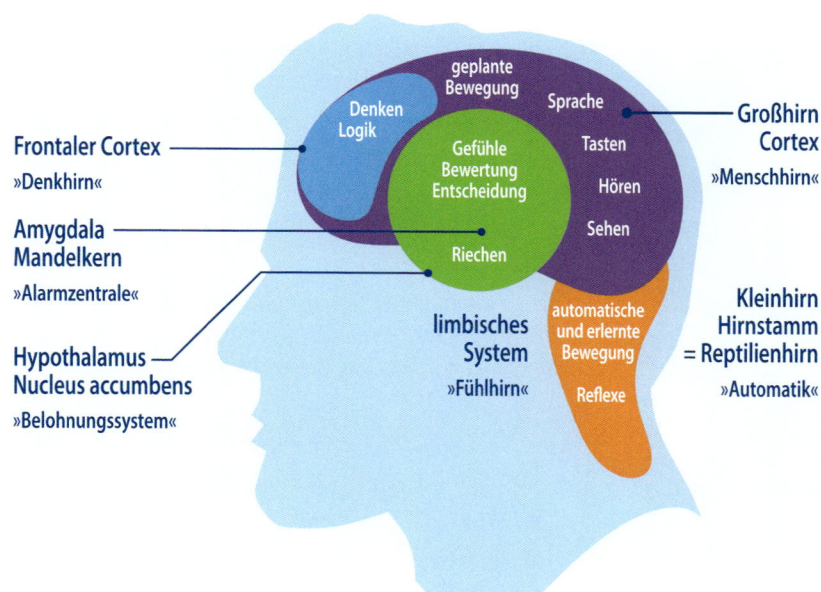

Aufgabenverteilung und Zuständigkeiten

Obwohl stets neue Prozesse und Eigenschaften entdeckt werden, scheinen einige Aufgaben und Zuständigkeitsbereiche des Gehirns im Bereich der nonverbalen Kommunikation aber bereits eindeutig nachweisbar zu sein. Durch sie lässt sich Körpersprache besser erklären und verstehen. Folgende Hirnareale sind gemeinsam an der Entstehung und Verarbeitung nonverbaler Kommunikation entscheidend beteiligt:

- das limbische System,
- der Neocortex,
- rechte und linke Gehirnhälfte.

Das limbische System – Emotionszentrale seit Urzeiten

Diese Funktionseinheit des Gehirns steuert die Verarbeitung von Emotionen und Triebverhalten. Außerdem ist sie zuständig für die Ausschüttung von Endorphinen, den körpereigenen Glückshormonen, bzw. Opioiden.

Zum limbischen System gehören unter anderem der *Hypothalamus* und die *Amygdala* (Mandelkern). Ersterer ist als „Belohnungssystem" bekannt und wird vielfach in der Werbung angesprochen: „Gönnen Sie sich Schokolade oder Urlaub", das Ver-

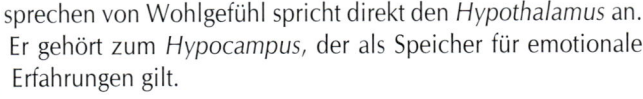

sprechen von Wohlgefühl spricht direkt den *Hypothalamus* an. Er gehört zum *Hypocampus*, der als Speicher für emotionale Erfahrungen gilt.

Die *Amygdala* fungiert als Warnsystem. Sie ist wesentlich an der Entstehung von Angst beteiligt und bewertet mögliche Gefahrensituationen der Umwelt.

Viele Kommunikationsexperten halten das limbische System für besonders bedeutsam für die Körpersprache, da es reflexartig und unmittelbar auf Reize der Umgebung reagiert und so unverfälschte, authentische Signale rückmeldet.

Umgebungsreize werden also vom limbischen System direkt in zwei unterschiedliche nonverbale Ausdrucksmöglichkeiten übersetzt:

- Behagen – z.B. Freude, Interesse, Zufriedenheit.
- Unbehagen – z.B. Nervosität, Ärger, Sorgen, Angst.

Wie sich eine spontane Bewertung einer Situation durch das limbische System als „Unbehagen" äußert, ist leicht spürbar, wenn ein Gesprächspartner dem anderen im wahrsten Sinne des Wortes „zu nahe tritt", also in seine Intimzone eintritt.

Allein die Vorstellung, vor größerem Publikum eine Rede zu halten, erzeugt bei vielen Menschen spürbar körperliches Unwohlsein. Die Erinnerung an eine unangenehme Situation kann schon zu Schweißausbrüchen führen (siehe „Gegensätzliches", Seite 75).

Beeinflusst werden kann das emotionale Gedächtnis und damit der körperliche Ausdruck durch das Schaffen und Bewusstmachen von positiven Erfahrungen und Erlebnissen bzw. das Sicheinstellen/-lassen auf Situationen (siehe Mentalübungen Seite 104 ff).

Achtung: Entgegen früherer Meinungen arbeitet das limbische System selbstverständlich nicht abgeschottet und allein vom restlichen Gehirn. Es steht im ständigen regen Austausch mit anderen Hirnarealen, wie denen des Neocortex auf beiden Hemisphären (siehe Seiten 54 und 68). Somit gilt die Verarbeitung von Emotionen und Trieben als Zusammenspiel vieler Gehirnanteile! Körpersprachlich wird dabei zwischen *bewussten* und *unbewussten* nonverbalen Signalen unterschieden. Sie sind also Ihrem Gehirn nicht völlig wehrlos ausgeliefert. ☺

Was es für die nonverbale Kommunikation bedeutet, wenn ein Teil des limbischen Systems nicht funktioniert, zeigt dieses Beispiel:

> Ralph Adolphs (California Institute of Technology) führte ein einfaches Experiment durch, bei welchem sich Personen so weit an den Versuchsleiter annähern sollten, bis sie jene Distanz erreichten, die ihnen am angenehmsten war, wobei der Abstand von Kinn zu Kinn gemessen wurde. Der von den gesunden Versuchspersonen durchschnittlich bevorzugte Abstand betrug 64 cm (Anm. das entspricht der persönlichen Distanz – siehe Seite 42) , während eine Patientin, die schwere Schäden an den Emotionszentren im Gehirn (Mandelkern) hatte, sich bis auf 34 cm annäherte, ohne sich dabei unwohl zu fühlen. Selbst wenn sie direkt Nase an Nase mit dem Versuchsleiter stand, berichtete sie über keine negativen Gefühle.
>
> Offensichtlich spielt die *Amygdala* eine zentrale Rolle für diesen Prozess. Sie erzeugt die starken Gefühle des Unwohlseins, die normalerweise dabei helfen, den richtigen Abstand in sozialen Situationen einzuhalten. Diese Ergebnisse wurden mittels funktioneller Magnetresonanztomografie bestätigt. Der Mandelkern ist also deutlich daran beteiligt, die soziale Distanz zu regulieren – unabhängig von speziellen Sinnesreizen, die typischerweise signalisieren, wenn jemand zu nahe kommt, wie Geruch, äußeres Erscheinungsbild oder Geräusche.
>
> Quelle: http://arbeitsblaetter.stangl-taller.at/KOMMUNIKATION/Kommunikation-Distanz.shtml

Eine Gefahr – drei mögliche Körperreaktionen

Körperhaltung ist seit jeher für unser Überleben von entscheidender Bedeutung.

Das limbische System ist also körpersprachlich unter anderem für überlebenswichtige erste Reaktionen auf eine Situation zuständig. Denn es unterscheidet zuallererst zwischen Gefahr und Sicherheit. So entsteht als Antwort auf Umgebungsreize etwa eine entspannte Haltung, wenn wir uns sicher und wohl fühlen. Hier steht uns die gesamte Bandbreite unseres Körperausdrucks frei zur Verfügung – von dynamisch offen bis locker lässig. Oder aber es handelt sich um eine Situation, die uns verunsichert, also zum Beispiel neu, ungewohnt oder auch bedrohlich erscheint. Dann entscheidet das limbische System körpersprachlich umgesetzt zwischen drei möglichen angeordneten Haltungen:

- Angriff,
- Flucht,
- Starre.

58

Alle drei sind sinnvoll und notwendig. Sie teilen unseren Kommunikationspartnern Absichten mit und sind wesentlich, wenn es um die Position in Hierarchien geht. Wir benutzen – basierend auf unseren Erfahrungswerten – in unterschiedlichen Situationen und basierend auf unserer kulturellen Prägung jeweils jene Strategie, die uns am erfolgversprechendsten erscheint.

■ Angriff! – Auf in den Kampf!

Körpersprache kann sehr dominant und einschüchternd sein, etwa wenn es darum geht, unser „Revier" zu verteidigen oder es auszudehnen. Selten geschieht dies im täglichen Leben wirklich unter Androhung eines Kampfes, meistens geht es um Vermittlung oder Verteidigung einer Meinung, einer hierarchischen Position oder eines geistigen Anspruchs.

Ein körpersprachlicher Angriff kann vom Gegenüber von leicht überheblich bis aggressiv wahrgenommen werden. Bei Stress oder Streit spannen sich Muskeln an, der Körper nimmt Raum ein oder macht sich durch Zusammenziehen zum Angriff/Sprung bereit, Bewegungen werden abgehackt, verkrampft und geradlinig (oft von oben nach unten), die Mimik wirkt angespannt, der Blick kann stechend oder konzentriert sein.

■ Flucht – Abwehr, Rückzug, Verteidigung!

Sind wir ganz klar mit einer Situation überfordert oder nach erster Einschätzung unterlegen, entscheidet sich der Körper für Fluchtreaktionen. Einer Hand, die sich bedrohlich hebt oder außergewöhnlich schnell auf uns zukommt, weichen wir instinktiv aus oder ducken uns weg.

Adolf Hitler war berühmt dafür, dass er während seiner Reden nicht nur mit Worten, sondern auch mit seiner gesamten Körpersprache massive, vernichtende „Geschosse" auf seine Zuhörer abfeuerte. In gleichem Maße agierte Benito Mussolini, der lange Jahre Hitlers Vorbild gewesen war.

In Gesprächssituationen, die wir als unangenehm empfinden, versuchen wir instinktiv Abstand zu schaffen. Sich schnell aus einer unangenehmen Lage zurückzuziehen, zeigt beispielsweise die Tendenz der Körperhaltung weg vom Gesprächspartner oder der Aufbau von Barrieren – oder z.B. der Einsatz unbewusster Schutz- bzw. Verteidigungsgesten. Es gibt verschiedene Formen der „Flucht". Der Brustkorb ist meist zurückgenommen, der Torso wird geschützt, die Füße zeigen häufig die Richtung an, in die wir uns entfernen wollen. Auch sich kleiner und „platzsparender" zu machen, um dem Gegenüber keine Angriffsfläche zu bieten, und ein ausweichender oder hilfesuchender Blick, der keine Konfrontation sucht, deuten körpersprachlichen Rückzug an. Hat man keine Chance, einer Situation wirklich zu „entfliehen", finden sich viele Distanzversuche und Beruhigungsgesten in der Körpersprache, die das persönliche Wohlbefinden wiederherstellen sollen (siehe Beruhigungsgesten, Seite 60).

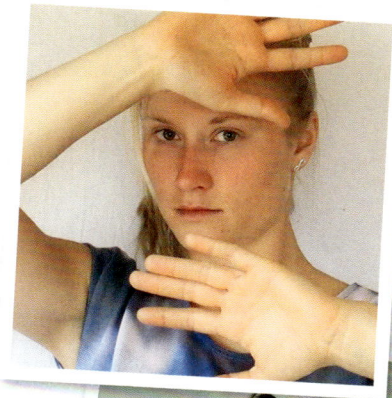

Abwehr, Abwendung (z.B. die berühmte kalte Schulter als Zeichen der Antipathie), das Schaffen von Distanz – die Palette der Fluchtreaktionen ist groß, die Intensität unterschiedlich stark ausgeprägt.

■ Starre

Manchmal besteht weder die Chance zur Flucht noch zum Angriff. In bestimmten Situationen fühlt man sich im wahrsten Sinne des Wortes „festgenagelt". Dann geht scheinbar „gar nichts mehr" – die Reaktionen sind Verkrampfung, z.B. hochgezogene Schultern und eingezogener Kopf („Schildkrötenhaltung"), stark verlangsamte Bewegungen, starre Mimik, das berühmte Blackout, das Luftanhalten, Erröten und weitere nicht

Auch im Tierreich anzutreffen: die rettende „Starre".

steuerbare Körperreaktionen. Auf diese Weise erleben viele Menschen den Auftritt vor Publikum oder Prüfungsangst. Oft wird diese „Starr-vor-Angst"-Haltung als Zustand beschrieben, in dem völlige Leere im Kopf und totale Handlungsunfähigkeit herrschen. Die meisten Betroffenen versuchen genau diesen Zustand zu vermeiden und ärgern sich im Nachhinein darüber, nicht schlagfertig, selbstbewusst oder offensiv genug gewirkt oder gehandelt zu haben. Doch durch Starre steigt die Chance, dass die Gefahr vorbeizieht und wir sie unversehrt überstehen, indem wir keine zusätzliche Aufmerksamkeit auf uns ziehen. Das Prinzip dahinter scheint zu sein: „Lieber nichts tun als das Falsche."

Gesten der Beruhigung

Berührung schafft Entspannung – egal ob zum Schutz oder zur Selbstberuhigung, ob bei sich selbst oder anderen.

Um einen emotionalen Balancezustand herzustellen, werden körpersprachlich, meist völlig unbewusst, sogenannte Beruhigungsgesten eingesetzt. Diese werden auch *Adaptoren* genannt. Sie treten bei jeder Art von übermäßiger Erregung und Stress, egal ob positiv oder negativ, auf. Ein Bewerbungsgespräch kann ebenso aufregend sein wie ein Flirt oder das Vertuschen einer Unwahrheit.

Es wird unterschieden zwischen drei Arten, die alle mit Berührung zu tun haben:

■ **Selbst-Adaptoren** – hierbei berührt sich eine Person selbst
z.B. berühren/kratzen im Gesicht, Hals oder am Nacken, mit Händen und Fingern spielen, mit Bart oder Haaren spielen, Lippen lecken, beißen oder saugen, Luft auspusten

■ **Objekt-Adaptoren** – dabei wird mehr oder weniger spielerisch mit Gegenständen hantiert
z.B. Kugelschreiber drehen, Brille oder Glas hin- und herrücken, an Kleidung oder Schmuck nesteln

■ **Fremd-Adaptoren** – jemand berührt eine andere Person
z.B. Händchen halten, Körperkontakt mit jemand anderem suchen

Es mag seltsam klingen, doch jede der oben angeführten drei „Gefahrenreaktionen" verfolgt das Ziel, wieder persönliches Wohlbefinden herzustellen.

Der Abbau von Aggression, Spannung, Angst und Unsicherheit soll ein emotionales Gleichgewicht wiederherstellen. Dass dabei Grenzen anderer von Zeit zu Zeit überschritten werden und sich der Stärkere manchmal durchsetzt oder nonverbale Botschaften falsch gedeutet werden, soll hier weder positiv noch negativ bewertet werden.

ÜBUNG/SELBSTREFLEXION:

Oft sind Reaktionen des Körpers abgestimmt auf „Aufwand und Nutzen" in einer Situation. Lohnt sich der Kampf? Welche Strategie ist die sicherste für mich? Welche Erfahrungen habe ich mit ähnlichen Situationen?

Welche Angriffsgesten oder Körperhaltungen können Sie an sich selbst entdecken, wenn Sie z.B. mit jemandem in eine verbale Auseinandersetzung geraten?

Fuchteln Sie z.B. mit dem Zeigefinger herum, stehen Sie breitbeinig, haben Sie einen stechenden Blick, eine lautere Stimme etc.?

Welche nonverbalen Signale bemerken Sie an sich selbst, wenn Sie aus einer Situation im wahrsten Sinne des Wortes „flüchten" möchten?

Wollen Sie z.B. Abstand gewinnen, sich vom Gesprächspartner abwenden, mit den Händen Stirn, Mund oder Gesicht abdecken, Brustkorb oder Oberkörper mit den Armen umschlingen etc.?

Welche Beruhigungsgesten setzen Sie ein, wenn Sie sich angespannt fühlen?

Welcher Typ von Adaptoren findet sich besonders häufig in Ihrem Verhalten?

Selbst-Adaptoren	Objekt-Adaptoren	Fremd-Adaptoren
Oberschenkel oder Unterarme streicheln etc.	Am Stift kauen etc.	Vertrauensperson an Hand oder Schulter fassen etc.

Fallen Ihnen noch weitere Beruhigungsgesten ein, die Sie an sich oder anderen beobachten? Die Fragen, wenn Sie an sich oder anderen solche Verlegenheitsgesten oder *Adaptoren* bemerken, sollten lauten: „Warum verspüre ich gerade das Bedürfnis, mich zu beruhigen? Was versetzt ihn/sie in Stress oder Anspannung?"

Übrigens, in manchen Situationen können vermehrte Adaptoren auch ein Zeichen von Langeweile sein!

Achtung: Beruhigungsgesten werden oft als Versuch missinterpretiert, eine Lüge vertuschen zu wollen. Aber auch die Angst davor, dass jemand die Wahrheit nicht glaubt oder unangenehme Konsequenzen in unbekannten Situationen drohen, löst Beruhigungsgesten aus! (Siehe „Othello-Effekt", Seite 67)

„Ich schwöre auf die Fahne" oder „Hand aufs Herz"

Ein kleines Beispiel für die spannende Entdeckung einer unbewussten Beruhigungsgeste findet sich in meinem engen Familienumfeld. Meine Schwester absolvierte vor einigen Jahren eine Ausbildung zur zertifizierten Trainerin. Teil ihrer Ausbildung war auch ein Videocoaching, in dem sie vor der Kamera ihren MitstudentInnen ein wenig über sich und ihre Arbeit erzählen sollte.

Wie auch bei den meisten meiner SeminarteilnehmerInnen löste bei meiner Schwester die bloße Anwesenheit der – regungslosen, neutralen, sprachlosen – Kamera sofort Unsicherheit und starke Nervosität aus. Obwohl sie gewohnt war, vor Menschen frei zu sprechen, stieg ihr Stresspegel unmittelbar an. Sie bekam rote Wangen, ihr Atem ging schneller, ihre Stimme wurde höher. Sobald sie zu sprechen begann, legte sie ihre rechte Hand auf den Brustkorb, und zwar unmittelbar über dem Herzen unter dem Hals. Diese Haltung und Geste behielt sie während der gesamten Rede vor der Kamera bei. Bei der anschließenden Videoanalyse wurde sich meine Schwester erstmals dieser Beruhigungsgeste bewusst, die sowohl Blutdruck und Puls senkt als auch Selbstschutz vor Angriffen bietet. Dennoch mussten wir beide sehr darüber lachen, da die Geste von außen (besonders ohne Ton betrachtet) wie ein öffentlicher Schwur oder Eid wirkte, der ausgesprochen feierlich vorgetragen wurde. Meine Schwester ertappt sich auch heutzutage noch häufig dabei, bei fordernden Situationen diese Beruhigungsgeste einzunehmen. Sie ist sozusagen eines ihrer persönlichen „Unbehagen-Markenzeichen". ☺

Der Neokortex – bewusst und gelenkt

Der Neocortex ist entwicklungsgeschichtlich der am spätesten entstandene Teil unseres Gehirns. Er ist für bewusstes Denken und Handeln zuständig und übersetzt Impulse in konkrete Bewegungsmuster und Gedanken. Durch die Zusammenarbeit des limbischen Systems mit dem Neocortex wird Unbewusstes zu Bewusstem, Unabsichtliches zu Beabsichtigtem. Hier liegt auch die Grenze zwischen dem emotionalen Impuls und seiner bewussten Kontrolle. Sprache, Gestik oder Bewegungskoordination werden unter anderem vom Neocortex gestaltet und gesteuert. So können wir Gefühle und Absichten bewusst „unterstreichen" und es so unserer Umwelt einfacher machen, uns zu verstehen.

Skisportler gehen Kurssetzung und Bewegungsabläufe vor dem Start bewusst mental durch, um sich auf die reale psychische Belastung optimal vorzubereiten.

Das konkrete Denken an bestimmte Bewegungsmuster genügt zum Beispiel, um die an der Entstehung der Motorik beteiligten Gehirnregionen des Cortex anzuregen. Es fehlt lediglich der ausführende Impuls an die Muskeln. Sportler verbessern so mit mentalem Training ihre Trainings- und Wettkampfergebnisse (siehe Seite 101).

Für die Interpretation nicht sprachlicher Botschaften unserer Gesprächspartner ist der Neocortex unverzichtbar. Mit ihm bewerten und analysieren wir Informationen von außen.

Hier finden sich auch die sogenannten *Spiegelneuronen*, die bewirken, dass wir emotionale sprachliche, motorische und optische Signale anderer entschlüsseln und Empathie für sie empfinden können. Durch eben die in den 1990er Jahren von einem Team um Giacomo Rizzolatti an der Universität von Parma entdeckten Neuronen ist es möglich, dass wir Freude und Schmerz von anderen sogar körperlich mitempfinden können. Unser Körper reagiert mimisch, gestisch und emotional sehr aktiv auf das, was wir von außen empfangen.

So erklärt sich, warum Lächeln und Gähnen ansteckend sind oder das Ende von *Romeo und Julia* Millionen Menschen zu Tränen rührt.

Körpersprache-Experten sind sich mittlerweile einig, dass limbisches System und Neocortex in ständigem Austausch miteinander stehen und nicht komplett getrennt voneinander betrachtet und bewertet werden können. Das bedeutet, dass unbewusste und bewusste körpersprachliche Aktionen stets in Zusammenhang stehen. Denn auch durch bewusstes Hervorrufen und Einsetzen von Gedanken und Bewegungen schaffen wir Gefühle und Reaktionen und damit wiederum emotionale Erinnerungen, die ihrerseits wiederum spätere unbewusste Reaktionen steuern (siehe Seite 101 ff).

„unbewusst"
limbisches System

„bewusst"
Neocortex

Limbisches System und Neocortex stehen in ständigem Austausch miteinander.

Der bekannte Körpersprache-Experte Joe Navarro bezeichnet den Neocortex gerne auch als den „unehrlichsten" Teil unseres Gehirns, da dort auch Lügen gebildet und dadurch vorsätzliche Täuschungen möglich werden. Soziale Filter und erlernte Verhaltensweisen – wie man sich wem gegenüber wann und wo zu benehmen hat – gehören ebenso zu den Aufgabenbereichen des Neocortex. Genau hier verschwimmen Wahrheit und Lüge oftmals und bilden ein Spektrum von der „gesellschaftlichen Notwendigkeit" anerkannter Notlügen zu „eiskalter Berechnung" mit verbrecherischer Absicht.

Auch Lügen will gelernt sein, und so können wir unseren Gesprächspartnern geübte Unwahrheiten meistens „ohne mit der Wimper zu zucken" präsentieren.

Anders gesagt: „Übung macht den Lügenmeister." Auch in dieser Kunst steckt ein Muster, denn wenn wir uns dabei nicht unwohl fühlen, können unsere Lügen meistens vom Gegenüber nicht enttarnt werden.

Der Körper unterstützt dann sogar durch seine Signale Lügen, die wir mit größter Überzeugung vermitteln wollen. Das Lob der schrecklichen neuen Dauerwelle der besten Freundin wird dann mit einem besonders heftigen Kopfnicken und breitem Lächeln transportiert, als wollte man nicht nur sie, sondern auch sich selbst von der Aufrichtigkeit überzeugen.

Erst wenn ein routiniertes Verhaltensmuster durchbrochen oder ein geübter Schwindler irritiert wird und Unbehagen ins Spiel kommt, verändert sich die Körpersprache.

Große beabsichtigte und kleine unbewusste Signale

Körpersprache passiert also von verschiedenen Teilen unseres Gehirns für uns bewusst und unbewusst gesteuert. Bei unterschiedlich deutlich sichtbaren Signalen wird von

- Macrotells und
- Microtells (oder Microexpressions)

gesprochen.

Bei **Macrotells** handelt es sich um raumgreifende Bewegungen und starke optische Signale. Sie sind gut erkennbar, aber dennoch nicht immer leicht zu deuten. Sie sollen Aufmerksamkeit und konkrete Assoziationen wie Stärke oder Dominanz wecken sowie Gefühle auslösen. Im Tierreich finden sie sich z.B. bei buntem Gefieder vieler Vogelarten, be-

eindruckenden Geweihen oder auffälligem Balzverhalten. Beim Menschen zählen zum Beispiel auffällige Farben, Frisuren, ausgefallene Kleidung oder das beabsichtigte Präsentieren von starken Muskeln und das Zurschaustellen sexueller Reize zu Macrotells.

ÜBUNG/SELBSTREFLEXION:

Deutliche Zeichen

Welche Macrotells haben Sie selbst absichtlich schon eingesetzt, um die Aufmerksamkeit Ihrer Umgebung erregen? Was waren Ihre Absichten?

Denkbar wären z.B. roter Lippenstift, andere Signalfarben bei Kleidung etc., auffällige Frisur ...

Körpersprache-Experten, die sich hauptberuflich mit dem Entschlüsseln von Kriminalfällen und der Enttarnung von Verbrechern beschäftigen, werden darin geschult, auf minimalste nicht steuerbare Körpersignale zu achten, um so möglichen Unwahrheiten und wahren Absichten auf die Spur zu kommen.

Die sogenannten **Microtells** oder auch *Micorexpressions* wurden von Ernest A. Haggard und Kenneth S. Isaac im Jahr 1966 erstmals beschrieben und von Paul Ekman weiter erforscht. Sie sind aktiv nicht steuerbar und für andere nur schwer erkennbar. Sie treten nur sehr kurz (50 bis 400 Millisekunden) und als unmittelbare mimische Reaktion auf eine intensive Emotion (verarbeitet durch das limbische System) auf. Dazu gehören z.B. eine spontane Erweiterung der Pupillen bei Anblick von etwas lustvoll Verführerischem, kleinste minimale Muskelbewegungen im Gesicht oder schnelle Augenbewegungen.

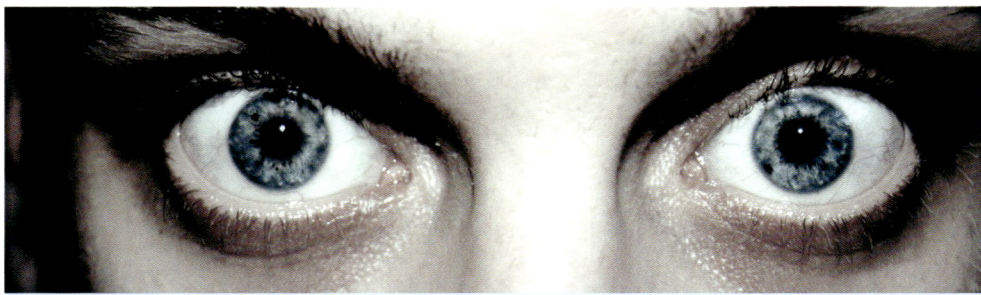

Sogenannte Mentalisten beobachten kleinste körpersprachliche Signale ihrer Gesprächspartner und haben viel Erfahrung in deren Deutung.

Meist kann nur mit speziellem Training die minimale Mimikresonanz eines Menschen erkannt werden.

Bei Interesse finden sich zahlreiche, auch kostenlose Mimikresonanztests zum Üben und Erweitern der Analysefähigkeit im Internet, z.B. unter www.google.at/?gws_rd = ssl#q = micro + expression + training

> **Anmerkung**: Wie bereits angekündigt, ist dies aber kein Buch zur Enttarnung von Lügnern. Mir geht es weniger um Verschleierung oder Bewertung als vielmehr um den klaren körpersprachlichen Ausdruck von Emotionen und Absichten sowie deren bewusste Wahrnehmung.

Der „Othello-Effekt"

Der berühmte Körpersprache-Experte Samy Molcho hat sicher recht, wenn er sagt: „Der Körper lügt nie!" Jedoch ist besondere Vorsicht bei voreiligen Interpretationen scheinbarer körpersprachlicher „Lügensignale" geboten!

Wie tragisch eine Geschichte enden kann, wenn in der Interpretation von Lüge und Wahrheit ein Fehler passiert, zeigt die klassische Shakespeare-Tragödie *Othello*. Othello bezichtigt seine Frau Desdemona der Untreue. Als diese unter Tränen ihre Unschuld beteuert, interpretiert Othello ihre Tränen der Verzweiflung und ihre Mimik als Beweis für Täuschung und Schuldeingeständnis. Er ermordet Desdemona, bevor er seinen Irrtum erkennt. Als ihm sein Fehler bewusst wird, begeht er Selbstmord.

Der „Othello-Effekt" bzw. „Othello-Fehler" wurde 1985 von Paul Ekman als Begriff der Psychologie eingeführt und besagt, dass in intensiven Befragungssituationen, wie z.B. während einer Vernehmung, die extreme Nervosität einer Person nicht zwangsläufig darauf zurückzuführen ist, dass diese Person auch die Unwahrheit sagt (Paul Eckman, *Telling Lies*).

Othello erkennt seinen schweren Irrtum, doch es ist zu spät.

68

Rechte und linke Gehirnhälfte – Ping Pong zwischen Logik und Kreativität

Dass unser Gehirn aus zwei Hemisphären, also Gehirnhälften besteht, die jeweils für die Steuerung der konträren rechten und linken Körperhälfte zuständig sind, ist allgemein bekannt. Dennoch sind nicht beide Gehirnhälften in gleichem Maß für die Verarbeitung von Reizen zuständig. Wissenschaftlich erwiesen ist, dass sich auf der linken Hirnhälfte mehr Areale zur Verarbeitung analytischer Themen befinden, dazu gehören z.B. Sprache, Schrift, Mathematik oder logische Denkmuster. Auf der rechten Hemisphäre befinden sich Zentren für Bilder, Muster, Musik und Kreativität.

Gerne wird aus dieser Erkenntnis eine Einschätzung der Persönlichkeit abgeleitet: „Er benutzt besonders die rechte Hirnhälfte und ist daher Künstler." Oder: „Eine Buchhalterin denkt nur in Zahlen, Daten und Fakten. Sie benutzt hauptsächlich die linke Gehirnhälfte."

Diese Schlussfolgerung wäre aber viel zu einfach und ist auch nicht wissenschaftlich belegt. Vielmehr werden in unterschiedlichen Situationen eben unterschiedliche Denkaufgaben an das Gehirn gestellt.

Interessant ist jedoch das aktive Ansteuern der jeweiligen Areale auf der rechten und linken Hemisphäre, die Zusammenarbeit scheinbar widersprüchlicher Gebiete wie z.B. Sprache links und Bilder rechts oder Zahlen links und Musik rechts. So entstehen neue Verbindungen und Fähigkeiten. Das Gehirn soll in Balance kommen, also „gleichgeschaltet" werden. Dadurch werden kreative und logische Elemente miteinander verknüpft. Das soll zu umfassenderem und effektiverem Denken und Handeln führen.

Achtung: Durch das Anregen und Vernetzen beider Gehirnhälften werden Sie nicht nur vom „Gehirnbesitzer" zum „Gehirnbenutzer", diese Übungen eignen sich auch hervorragend zum „Aufwärmen" vor kreativen oder ganzheitlichen Lernprozessen. ☺

Zu den folgenden Übungen: Für diese „Synchronisierung" von rechter und linker Gehirnhälfte bzw. zur Anregung der Zusammenarbeit beider Hemisphären eignen sich besonders gut Übungen, die Logik mit kreativem oder räumlichem Denken bzw. Sprache mit Bewegung/Bildern kombinieren, also beide Seiten gleichermaßen ansprechen und fordern. Die Komplexität der erforderlichen Hirnaktivitäten oder auch das „Kopfzerbrechen" sind nicht nur spürbar, sondern auch messbar durch die für die Übungen erforderliche Zeit. Der Zeitraum, den Sie für diese Art von „Gehirnjogging" zwischen den Gehirnhälften benötigen, verkürzt sich durch häufiges Üben. Das fördert Reaktionsfähigkeit und Schlagfertigkeit sowie Offenheit gegenüber neuen Bewegungs- und Denkvorgängen ... und macht richtig gute Laune. ☺

ÜBUNG 1:

ABC-Aerobic

(Koordination von Denken und Bewegung, Mut zur Übertreibung fördern)

Arbeiten Sie, wenn möglich, wiederum mit einem Partner, aber auch allein ist diese Übung gut umsetzbar. Stellen Sie sich frei hin, Ihr Partner hält für Sie gut lesbar den beigefügten ABC-Aerobic-Bogen (bzw. Sie platzieren ihn auf Augenhöhe).

Sie sollen nun das ABC aufsagen und dabei gleichzeitig die Bewegungen machen, die unter dem jeweiligen Buchstaben angezeigt sind, Ihr Partner kontrolliert das Ganze und stoppt gegebenenfalls die Zeit.

Die Bedeutung der Zeichen:
- L: linken Arm heben
- R: rechten Arm heben
- Z: beide Arme zusammen heben

ABC-Aerobic-Bogen:

A	B	C	D	E	F	G	H	I	J	K	L	M
L	R	Z	R	Z	L	L	R	Z	R	L	R	Z
N	O	P	Q	R	S	T	U	V	W	X	Y	Z
L	R	Z	R	L	R	Z	Z	R	L	R	Z	Z

Variation: Wenn Sie die Übung bereits schnell und fließend umsetzen können, versuchen Sie es doch mal rückwärts. ☺

ÜBUNG 2:

Das Kreuz mit dem Kreis

(verschiedene/gegenläufige Bewegungen gleichzeitig ausführen können, Körperteile isolieren)

Sie können die Übung stehend oder sitzend ausführen.
Zuerst malen Sie mit der rechten Hand einen beliebig großen Kreis in die Luft.
Danach zeichnen Sie mit der linken Hand ein großes Kreuz in die Luft.
Im dritten Schritt versuchen Sie beide Bewegungen gleichzeitig und dabei möglichst akkurat auszuführen.

Variation: Mit den Armen eine Bewegung im Vierertakt machen, dazu zählen:
1 = Arme hoch, 2 = Arme zur Seite, 3 = Arme nach vorne, 4 = Arme nach unten,
dann mit den Füßen einen Dreiertakt beschreiben:
1 = Fuß nach vorne strecken, 2 = Fuß zur Seite strecken, 3 = Fuß heranziehen.

Die Herausforderung besteht darin, Fuß- und Armbewegungen gleichzeig auszuführen.

ÜBUNG 3:

Kniffeliges Fingerspiel

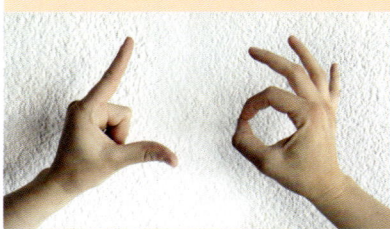

Linke Hand: Zeigefinger nach oben, Daumen nach rechts, restliche Finger zur Faust ballen.
Rechte Hand: Zeigefinger auf Daumen, restliche Finger gespreizt.

Nun im Wechsel:
Linke Hand: Zeigefinger auf Daumen, restliche Finger gespreizt.
Rechte Hand: Zeigefinger nach oben, Daumen nach links, restliche Finger zur Faust ballen.

Und wieder zurück zur Ausgangsstellung. Wiederholen Sie diese Fingerkombination im Wechsel so schnell wie möglich.

Gar nicht so einfach, oder? ☺

Basisregeln bei Körperspracheanalyse

Wenn Sie sich dazu entschieden haben, sich näher mit Körpersprache zu beschäftigen, dann gilt es, bestimmte wesentliche Regeln zu beachten. So bekommen Sie bald Übung in Selbst- und Fremdbeobachtung. Ich empfehle Ihnen, vor der Bewertung eines körpersprachlichen Ausdrucks immer zahlreiche Fragen zu stellen und sich nicht zu vorschnellen Antworten oder Urteilen verleiten zu lassen.

> Die erste Interpretation ist einfach nur die üblichste Schublade, in die wir Menschen unserer persönlichen Lebenserfahrung nach stecken. Auch der zweite Gedanke ist es immer wert, gedacht, ein weiterer Blick stets wert riskiert zu werden. Erst so ist ein differenzierteres Bild möglich.

1. Beobachten, beobachten, beobachten

   Mein Regieprofessor sagte immer: „Alles ist schon da, du musst es nur sehen! Sei immer achtsam und sammle Eindrücke. Die Erfahrung entsteht dann ganz von selbst."

   Körpersprache bewusst wahrzunehmen bedeutet, Ihre/n Gesprächspartner/in ganzheitlicher zu betrachten. Nichts ist unwesentlich, jedes Detail kann Botschaften vermitteln. Die berühmte Beobachtungsgabe ist keineswegs ein angeborenes Talent. Sie entsteht durch Training und Übung und kann zu einer sehr sinnvollen, nützlichen und Verständnis stiftenden Gewohnheit werden.

   Wesentliche Fragen bei der Selbst- und Fremdbeobachtung sind z.B.:

   - Welche Emotionen werden ausgedrückt?
   - Was sagen mir Mimik, Gestik, Haltung und Distanz der Gesprächspartner?
   - Wirken alle vier Elemente der Körpersprache stimmig?
   - Wie wirken die empfangenen Signale auf mich? Mit welchen Erfahrungen/Empfindungen verbinde ich sie? Wie reagiert mein Körper auf das, was ich wahrnehme?

ÜBUNG:

„Bewusst bemerkt"

Bitte betrachten Sie die unten stehende Abbildung eine Minute lang aufmerksam. Decken Sie anschließend das Bild ab und versuchen Sie bitte, die dazu gestellten Fragen zu beantworten.

- Wie viele Personen sind auf dem Bild zu sehen? Um wen könnte es sich handeln?
- Welche unterschiedlichen Grundstimmungen/-emotionen erkennen Sie auf dem Bild?
- Welche Situation vermuten Sie als Ausgangsbasis der abgebildeten Szene?
- Welche Ihnen bekannten Gesten und Haltungen erkennen Sie?
- Hält der Mann etwas in der Hand? Was könnte es sein? Welche Farbe hat seine Badehose? Wie trägt das Mädchen sein Haar?
- Was ist Ihnen zu allererst aufgefallen, und was ist Ihnen am besten in Erinnerung geblieben?
- Was vermuten Sie, ist im Anschluss an die Fotoaufnahme passiert?

> **Achtung**: Bitte respektieren Sie beim Beobachten von Menschen in Ihrer Umgebung stets deren Privat- und Intimsphäre! Bleiben Sie diskret.

2. Situation berücksichtigen

Körpersprache kann immer nur aus der Situation und dem Umfeld, in dem sie stattfindet, heraus interpretiert werden.

Anders gesagt: Es gibt keine konkrete Analyse von Körpersprache ohne auslösenden Hintergrund, vor dem sie entsteht. Ist die Situation verständlich, erklären sich auch oft Handlung, Haltung oder mimischer Ausdruck. Ähnliche Haltungen und Gesten können in einem anderen Handlungsumfeld völlig andere Botschaften vermitteln und Interpretationen erzeugen.

Fragen, die Sie sich dazu unbedingt stellen sollten, sind z.B.:

■ Wie gestaltet sich die Situation/das Umfeld, in dem gesprochen wird? Z.B. bekannt, unbekannt, beruflich, privat?

■ Kennen die Gesprächspartner einander? In welcher „Rolle" tritt jemand auf? (Siehe Kapitel 4)

■ Welche Temperatur herrscht? Welche Lichtverhältnisse herrschen?

■ Was ist die Absicht des Gesprächs?

3. Mehr ist mehr!

Bei der Körpersprache gilt: Viele Details bilden den Gesamteindruck.

■ Je mehr gleichbedeutende Anzeichen, z.B. Lächeln, geöffnete Arme, zugewandte Haltung etc.,

■ je stimmiger das Zusammenspiel der einzelnen Elemente – Mimik, Gestik, Haltung, Distanz (z.B. alle Bewegungen auf ein Ziel gerichtet) – ist,

■ je öfter ähnliche Verhaltensmuster auftreten (immer wenn, dann ...),

■ je regelmäßiger sich Zeichen wiederholen,

desto sicherer können Sie in Ihrer Interpretation der Bedeutung sein.

Hier ist es sinnvoll, zuerst das „Normale" bzw. Übliche im Verhalten einer Person gut zu (er)kennen, um dann eventuelle Abweichungen wie z.B. Stressfaktoren besser einordnen zu können.

„Das beste Anzeichen für künftiges Verhalten ist vergangenes Verhalten."

Joe Navarro (geb. 1953),
amerikanischer Ex-Agent und Spezialist für Körpersprache

Fragen, die bei der Zusammensetzung der Puzzleteile zum Gesamtbild helfen können:

■ Welche verschiedenen/wie viele Zeichen unterstützen meinen Eindruck?

■ Was macht er/sie „immer" in dieser Situation, z.B. bei Nervosität, Aufregung, Zufriedenheit usw.?

■ Welche Erfahrungen bringe ich in die Interpretation des beobachteten Verhaltens ein? Wo habe ich so etwas (Ähnliches) schon zuvor gesehen?

■ Bei etwaigen Abweichungen und Unstimmigkeiten: Welches Detail passt nicht zu den anderen?

 **ÜBUNG:**

Betrachten Sie bitte das neben-
stehende Bild. Welchen Eindruck haben Sie? Wie viele/
welche verschiedene/n Zeichen erkennen Sie, die Ihnen
vermitteln, was dieser Mann
ausdrückt?

Grundsätzlich Gegensätzliches

An Büchern über Körperspracheanalyse
wird oft kritisiert, dass sie nonverbale
Kommunikation nicht im großen Zusammenhang betrachten, sondern anhand von
einfachen Beispielen immer gültige Regeln
abgeleitet werden – siehe z.B. das alther-
gebrachte Vorurteil, „verschränkte Arme
bedeuten Abwehrhaltung". Zu Recht wird
eingewandt, dass diese Aussage nicht für alle Gesprächssituationen und auf alle Gesprächspartner zutrifft. Daher möchte ich Sie bei der Analyse der Selbst- und Fremdbe-
stimmung von körpersprachlichen Ausdrucksmomenten dazu anregen, mehr Fragen
zu stellen, als auf vorgefertigte Antworten zu hoffen. Dabei hilft in jeder Situation
die Berücksichtigung und Unterscheidung zwischen vier grundsätzlichen Gegenpol-
Paaren, von denen jedes entscheidende Bedeutung für die Bewertung eines Körper-
signals besitzt.

■ Universell < vs. > individuell

Eine wichtige Unterscheidung liegt in allgemein anerkannten Körpersignalen, wie
den mimischen Grundemotionen (siehe Seite 31) oder körpersprachlichen Reakti-

onen des limbischen Systems (Angriff, Flucht, Starre) und persönlichen Ausdrucksweisen (z.B. die Art und Weise, wie Sie sich das Haar zurückstreichen).

Verallgemeinerungen können verführerisch sein und zu Schubladendenken und vorschnellen Bewertungen verleiten.

Jedes Gesicht sieht anders aus, und damit wirkt auch jeder mimische Ausdruck anders. Jeder Mensch hat eine ganz besondere Palette an Ausdrucksformen, die ihn einzigartig wirken lassen. Diese individuellen Verhaltensmuster nennt man auch *idiosynkratische Verhaltensweisen*. Sie gehören zum ganz persönlichen Ausdruck, wiederholen sich in verschiedenen Situationen und bilden ein unverwechselbares Verhaltensrepertoire.

Persönliches Verhaltensrepertoire/-muster: Die Geste der von unten nach oben geführten, greifenden/haltenden/stützenden Hand findet sich auf sehr vielen meiner Fotos. Ich benutze sie scheinbar häufig, um etwas Gesagtes optisch zu unterstützen, begreiflich oder „fassbar" zu machen. ☺

■ Ursache < vs. > Wirkung

Wie Körpersprache auf den Betrachter wirkt, ist stets individuell und subjektiv. Vielleicht erinnern Sie sich noch an das Beispiel aus Kapitel 1, wo ich Ihnen von der unglücklichen Wirkung meiner Kopfhaltung auf meine Umgebung während meiner Ballettzeit berichtet habe. Die Ursache dieses „hochnäsigen" Ausdrucks war nicht etwa die Demonstration von Stolz und Überheblichkeit. Das hatte jedoch keinen Einfluss auf den Effekt, den ich damit erzielte.

Der frühere österreichische Bundespräsident Dr. Thomas Klestil pflegte seine öffentlichen Auftritte stets ohne Lesebrille zu absolvieren. Vielleicht kennen Sie die typische Haltung von Menschen, die, um ohne Brille lesen zu können, das Blatt mit dem Geschriebenen möglichst weit weg vom Gesicht halten (oft ist der Kopf zurückgenommen oder leicht gehoben) und von oben nach unten schielen, um so die Schrift entziffern zu können. So auch Klestil. Auf viele Zuhörer wirkte der Bundespräsident bei seinen offiziellen Reden dadurch unnahbar und arrogant. Dabei war er vermutlich nur kurzsichtig.

Über Ursachen von Verhaltensweisen und Charaktereigenschaften eines Menschen lässt sich aus der Ferne nur unseriös spekulieren. Die individuelle Wirkung eines optischen Eindrucks ist jedoch immer Teil der persönlichen Wahrheit des Betrachters. Diese subjektive „Wahrheit" sollte stets kritisch hinterfragt werden.

■ Willkürlich < vs. > unwillkürlich

Wie bereits in Zusammenhang mit dem komplexen System unseres Gehirns erwähnt, finden bestimmte körpersprachliche Signale bewusst und geplant, andere unbewusst und nicht bis schwer steuerbar statt – siehe *Macro-* und *Microtells*. Unwillkürliche Bewegungen haben nicht immer eine konkrete Bedeutung. So kann das Zucken eines Augenlides oder das sogenannte „Restless-leg"-Syndrom, bei dem jemand ständig nervös mit dem Fuß wippt, den Betrachter irritieren. Auch Nervenkrankheiten wie Parkinson oder das Tourette-Syndrom bewirken, dass darunter leidende Menschen ihre Motorik nicht kontrollieren können. Es ist also wichtig, zu unterscheiden, welche Bewegungen und körpersprachlichen Signale

78

bewusst und welche unbewusst geschehen, bevor diesen eine mögliche Bedeutung zugeschrieben wird.

■ Behagen < vs. > Unbehagen

Die wichtigste und erste Unterscheidung bei der Beobachtung von emotionalen Botschaften durch die Körpersprache sollte immer jene zwischen Behagen und Unbehagen sein. Danach fällt es leichter, Unterkategorien in der breiten menschlichen Gefühlspalette herauszufiltern. Achten Sie hierbei besonders auf die oben erwähnten *Adaptoren* (Beruhigungsgesten) und vermeiden Sie ein vorschnelles „Lügenurteil" (siehe „Othello-Effekt").

Kleiner Exkurs: andere Länder, anderes Benehmen

Natürlich ist nonverbale Kommunikation sehr kulturabhängig! Jenes Land, in dem unsere Sozialisierung vom Kleinkindalter an beginnt, bestimmt wesentlich unser körperliches „Sprachrepertoire" – aktiv und passiv.

Daher ist es sehr wichtig, sich über bestimmte Gepflogenheiten und nonverbale Signale in anderen Kulturen zu informieren – und das müssen nicht einmal außereuropäische sein. Auf diese Zeichen muss dann geachtet werden, damit es zu keinen unliebsamen Missverständnissen kommt, wie das folgende Beispiel zeigt ...

Fettnäpfchen auf Russisch

Vor einigen Jahren war ich für eine Produktion als Regieassistentin am berühmten Marijnskij-Theater in St. Petersburg in Russland tätig. Ich wollte mich natürlich von meiner besten Seite zeigen und gab, wie ich es gewohnt bin, beim Kennenlernen des Teams jedem höflich die Hand. Zu spät bemerkte ich die irritierten Blicke. Später stellte sich heraus, dass es nicht üblich ist, dass Russen zur Begrüßung ihrem Gegenüber die Hand reichen. Frauen ist es geradezu unangenehm. Ein Nicken und ein Gruß genügen.

Zudem hatte ich aus praktischen und Bequemlichkeitsgründen besonders funktionelle Kleidung mitgenommen. Dazu gehörte neben festen Winterschnürstiefeln auch eine rote, praktische Trekkingjacke. Nicht nur, dass ich damit keineswegs dem Erscheinungsbild einer modischen Russin entsprach, ich war damit für alle sofort als unwissende „Touristin" erkennbar. Hinweise auf diese beiden „Bloß-nicht-Fettnäpfchen" fand ich im Reiseführer auf der letzten Seite – die ich leider erst beim Heimflug entdeckte. ☺

ÜBUNG:

„Körpersprache einmal (wo)anders"

Welches Zeichen und seine Bedeutung stammt aus welchem Kulturkreis? Versuchen Sie sich am unten stehenden kleinen Rätsel und verbinden Sie jeweils die Signale/Begriffe mit den Ländern, zu denen sie gehören. ☺

1) Zeigen der Fußsohle beim Sitzen (z.B. wenn die Beine überschlagen sind) – Beleidigung, Überheblichkeit	a) Indien, Pakistan, Bulgarien
2) Niesen, sich die Nase putzen in der Öffentlichkeit – unhöflich	b) Tibet
3) Victory-Zeichen von Zeige- und Mittelfinger mit Handrücken nach außen – vulgäre Geste	c) Australien, Neuseeland, Großbritannien
4) Kopf hin- und herwiegen – Zustimmung	d) Japan
5) Zunge rausstrecken – Begrüßung	e) Arabischer Raum
6) längerer Blickkontakt – unhöflich	f) Afrika

Auflösung: 1e, 2d, 3c, 4a, 5b, 6f

Obwohl ich die internationalen Aspekte der Körpersprache für sehr interessant und wichtig halte, ist es mir nicht möglich, in diesem Buch auf die vielen umfangreichen Besonderheiten anderer Kulturkreise einzugehen. Allerdings möchte ich dennoch explizit darauf hinweisen, dass wir vom Aufwachsen in einer bestimmten Umgebung geprägt sind. Und eine Erweiterung des Horizonts durch das Kennenlernen anderer Kulturen ist immer ein Gewinn, auch wenn man einander nicht überall die Hand zur Begrüßung reicht. ☺

Kapitel 3

PersönlICH –
Körpersprache
individuell

82

Jeder Mensch ist einzigartig. Jeder Körper erzählt eine persönliche Geschichte.

Sie besteht aus charakteristischen physischen Gegebenheiten, Erfahrungen seit der Kindheit, Nachahmungs- und Lernprozessen – innerlichen und äußerlichen. Manches scheint angeboren, anderes imitiert und wiederum anderes willentlich oder auch unfreiwillig angeeignet.

Unser Körper und sein Befinden haben Einfluss auf unsere Psyche und umgekehrt.

Früh übt sich, was später selbstverständlich werden soll …

Wir lernen von Kindesbeinen an, auf unzählige Situationen „passend" zu reagieren, gute Miene zum bösen Spiel zu machen, mit beiden Beinen im Leben zu stehen, von Herzen zu lachen, uns mit Händen und Füßen zu wehren. Die Liste unseres Körpersprachrepertoires ist unendlich lang, und der Prozess der Weiterentwicklung endet niemals. Wir lernen sowohl durch äußere Einflüsse als auch durch innere Erkenntnisse und Veranlagung. Aber kann man wirklich nicht aus seiner angeborenen „Haut heraus"? Oder prägt uns eher das, was von außen „unter die Haut geht" oder wir uns selbst „auf den Leib schneidern"?

Ich denke, es ist eine Kombination aus all diesen Dingen, und sie bietet unzählige Chancen der Bewusstwerdung und selbstbestimmte Gestaltungsmöglichkeiten.

Unikat & Imitat

Zu welchen Teilen körperlicher Ausdruck angeboren und zu welchen er erlernt ist, gibt der Wissenschaft nach wie vor Rätsel auf. Was tragen wir schon mit der Geburt an physisch zum Ausdruck gebrachter Persönlichkeit in uns? Wie viel Körpersprache wird erst später erworben?

Bewiesen scheint, dass die Fähigkeit zu körperlichem Ausdruck als Mittel zur Kommunikation von Gefühlen grundsätzlich angeboren und universell ist. Das zeigt sich

nicht nur an den sieben Grundemotionen der Mimik (siehe Seite
31), sondern auch an bestimmten
Körperhaltungen.

Der körpersprachliche Ausdruck von Freude und Scham ist universell und angeboren.

Sportler, die von Geburt an blind
sind, zeigen Stolz auf ihre Leistung durch Hochwerfen der Arme,
In-den-Nacken-Legen des Kopfes
und kraftvolle Gesten (z.B. empor-
gestreckte Fäuste). Auf die gleiche
Weise feiern sehende Athleten einen Sieg. Diese Siegerpose
scheint universell. Im Gegenzug dazu wird Scham durch ein
Senken des Kopfes und Zusammensinken des Oberkörpers
ausgedrückt (Quelle: Tracy J., Matsumoto D.: The spontane-
ous expression of pride and shame).

Der Erwerb von körpersprachlichen Fähigkeiten, ob absichtlich oder unabsichtlich, beginnt sehr früh und ist stark geprägt von optischen Vorbildern.

Bereits in einem Alter von wenigen Monaten beginnen wir
damit, die Gesichter und Bewegungen unserer Umgebung
zu erkennen, zu studieren und nachzuahmen. So lernen wir
zu kommunizieren, lange bevor der Spracherwerb beginnt. Babys reagieren bereits
mit sechs Wochen auf ein Lächeln und können auch andere Grundemotionen schnell
entschlüsseln und mimisch imitieren.

Persönliche Vorbilder – wie der Apfel so der Stamm?

Sicher kennen Sie Eltern und Kinder, die einander nicht nur optisch sehr ähneln, sondern sich auch in Mimik, Gestik und Haltung auffallend gleichen. Vielleicht geht es
Ihnen sogar selbst so, dass Sie oft mit Ihren nahen Angehörigen verglichen werden?
Welche Vorbilder prägen unsere körpersprachliche Kommunikation? Und welches individuelle Ausdrucksspektrum bringen wir schon mit auf die Welt? Solche und andere
Fragen laden uns zu einer lohnenden Entdeckungsreise zur eigenen, unverwechselbaren persönlichen Kommunikation ein.

Selbstverständlich sind unsere ersten körpersprachlichen Vorbilder zumeist die Eltern und nahe Angehörige. Von ihnen lernen wir, wie Gefühle in Mimik, Gestik und
Haltungen für die Außenwelt verständlich übersetzt werden können. Es wird also

Die Suche nach der eigenen Identität im körpersprachlichen Ausdruck ist nicht einfach, aber ein wichtiger Teil der persönlichen Entwicklung.

vorgelebt und nachgeahmt. Dennoch scheint vieles angeboren und individuell (siehe Markenzeichen).

Körpersprachlicher Ausdruck entwickelt sich ständig weiter. So nehmen wir in der Pubertät häufig jene Haltungen, Gesten und Gesichtsausdrücke von Vorbildern an, denen wir nacheifern oder zu deren sozialen Netzwerken wir gehören wollen. Oft ist in der Jugend lockere Lässigkeit in der Körperhaltung gefragt. Fahrige oder eingeschränkte Gestik und zurückhaltende oder abweisende Mimik gehören ebenfalls häufig zum Repertoire. Dadurch entsteht notwendige Abgrenzung gegenüber anderen, es werden aber auch Unsicherheiten verschleiert.

Im Laufe des Lebens ergibt sich ein großes individuelles und persönliches Repertoire von körpersprachlichen Möglichkeiten. Denn verschiedene Lebensrollen – vom fürsorglichen Elternteil über den lockeren Kumpel bis zur kompetenten Führungskraft – erfordern abwechslungsreiche Kommunikation (siehe Kapitel 4). Aus dieser Palette dann in unterschiedlichen Situationen selbstbewusst auswählen zu können, erfordert Übung.

Je besser man über den eigenen Körper also Bescheid weiß, desto besser. ☺

ÜBUNG/SELBSTREFLEXION:

Wie der Vater/die Mutter so der Sohn/die Tochter?!

■ Welche klaren körpersprachlichen Ähnlichkeiten erkennen Sie zu Ihren eigenen Eltern?

■ Mit welchen Verwandten wurden Sie schon verglichen, was Ihre Bewegungen oder Gesichtsausdrücke betrifft?

- ▪ Wen haben Sie in Ihrer Jugend imitiert?

- ▪ Welche Ihrer motorischen bzw. mimischen Eigenheiten halten Sie für angeboren?

- ▪ Gibt es jemanden aus Ihrem Umfeld, dem Sie bewusst körpersprachlich nachgeeifert haben?

Was ist angeboren, was nachgeahmt? Ein spannendes Rätsel ...

In die Wiege gelegt ...

Sehr oft werde ich in Seminaren gefragt, ob wir überhaupt Einfluss auf unseren Ausdruck haben. „Ich bin halt so. Wer kann schon aus seiner Haut heraus? Das ist eben angeboren."

Ja, wir sind mit einem individuellen Aussehen geboren und ja, wir haben bestimmte körpersprachliche Voraussetzungen, aber wir haben auch viele Möglichkeiten, beides zu gestalten und sogar zu verändern.

Auch hier möchte ich ein sehr persönliches Beispiel anführen. Wenn Sie mich an einem beliebigen Ort sehen und ich fühle mich gerade unbeobachtet, habe ich einen wenig einladenden Gesichtsausdruck. Meine Augenbrauen sind zusammengezogen, mein Blick ist ernst und nach innen gekehrt. Gerne demonstriere ich diese Miene meinen KursteilnehmerInnen und frage sie, wie sie mich damit wahrnehmen. Meistens fallen Ausdrücke wie „ernst, abweisend, konzentriert, Kopfweh, traurig, schlecht gelaunt, böse" – ich wurde auch schon als „das Böse" erkannt. ☺

Tatsächlich gibt es Babyfotos von mir, auf denen ich bereits diesen Gesichtsausdruck trage – z.B. in die anregende Diskussion mit einem Elefanten vertieft – schon damals sah ich so aus. In Wirklichkeit deutet dieser Gesichtsausdruck meistens darauf hin, dass ich gerade in Gedanken und sehr konzentriert bin, gelegentlich auch, dass ich an der Lösung eines kniffeligen Problems arbeite. Ich bin selten schlecht gelaunt und möchte keinesfalls böse oder abweisend wirken.

Damals wie heute ...

Seit mir also durch Rückmeldungen die „abschreckende" Wirkung meiner Mimik bewusst ist, habe ich mir angewöhnt, mein Gesicht bewusst zu entspannen und meinen Blick zu öffnen, wenn ich Menschen begegne. Das erleichtert mir nicht nur das In-Kontakttreten mit anderen, es reduziert auch die Bildung von Sorgenfalten auf meiner Stirn. ☺

Auf den ersten Blick – einzigartige „Markenzeichen"

Springt Ihnen an manchen Menschen gleich etwas „ins Auge"?

Ein charakteristischer Gang, eine markante Geste, ein unverwechselbarer Gesichtsausdruck? Wir sind durch unsere Optik für andere Menschen unterscheidbar.

Manche Signale werden absichtlich verstärkt, z.B durch Kleidung, Farben, Schmuck etc., doch auch die Art und Weise, wie jemand sein Glas hält und zum Mund führt, kann ebenso markant und einprägsam sein.

Denn immer wenn Menschen einander begegnen, entsteht auch Kommunikation. Das bedeutet, wir werden für andere „sichtbar" und stehen, ob wir wollen oder nicht, auch in der visuellen Aufmerksamkeit unserer Gesprächspartner, manchmal mehr, manchmal weniger (siehe „Präsenz" Seite 123).

Jeder Mensch mag an sich gewisse Körperteile lieber als andere. Jene, die man mag, präsentiert man natürlich lieber als jene, die man, aus welchen Gründen auch immer, nicht so gerne hat. Dies bewirkt oft interessante, nicht immer gewünschte Effekte.

Ich sehe etwas, was du nicht magst ...

Ich habe eine Freundin, die beim Lachen jahrelang stets die Lippen nur leicht öffnete und eine Hand vor den Mund führte. Es wirkte angespannt, als wollte sie das Lachen zurückhalten, etwas verbergen oder als dürfte sie es sich nicht erlauben, zu lachen. Tatsächlich war sie der fixen Meinung, man würde, wenn sie lacht, eine kaum sichtbare Backenzahnlücke im Unterkiefer sehen, die ihr schrecklich unangenehm war und die sie unbedingt verbergen wollte. Der entgegengesetzte Effekt trat ein. Die Aufmerksamkeit des Beobachters wurde durch die Hand noch mehr zum Mund gelenkt und eben die gegenteilige als die beabsichtigte Wirkung erzielt.

ÜBUNG/SELBSTREFLEXION:

- Welche Körperteile an sich selbst mögen Sie besonders? Worauf legen Sie gerne einen optischen Fokus? Was präsentieren Sie gerne?

- Was an sich halten Sie für optisch besonders markant?

- Welche Ihrer Angewohnheiten in Mimik, Gestik und Haltung erweckt die meiste Aufmerksamkeit?

- Was an sich versuchen Sie lieber zu verstecken oder zu kaschieren?

- Auf welche körpersprachlichen Signale bekommen Sie die meisten Rückmeldungen? Welche Rückmeldungen sind das?

Manchmal verhalten wir uns „auffällig unauffällig".

Offen-sichtl-ICH

Etwas an Ihnen fällt besonders auf? Ihre großen Hände, ihre markant geschwungenen Augenbrauen, ihr langer, schlanker Hals? Auf viele optische Signale haben wir wenig Einfluss – sie sind offensichtlich. Und diese starken optischen Signale bestimmen häufig den Fokus des Betrachters.

In bestimmten Lebensphasen kann das sehr verunsichernd sein. Oft suchen wir nach Vergleichbarkeit, Zugehörigkeit oder allgemein gültiger „Schönheit", um anerkannt,

akzeptiert und wohlwollend betrachtet zu werden. Wir versuchen „Fehler" und „Makel" zu verbergen und streben Perfektionismus an. Dabei ist es die Unverwechselbarkeit, die uns einprägsam und unvergesslich macht.

Ich möchte Sie gerne dazu ermutigen, sich Ihre körpersprachlichen Markenzeichen bewusst und diese sichtbar zu machen, zu ihnen im wahrsten Sinne des Wortes zu stehen, sie sogar ins „Schaufenster" zu stellen (siehe Seiten 87 und 139). Das aktive Präsentieren von vermeintlichen Schwächen kann sehr sympathisch und verbindend wirken.

Dazu ist es natürlich notwendig, den eigenen Körper mit all seinen Fähigkeiten und Möglichkeiten kennenzulernen, anzunehmen und zu akzeptieren. Das persönliche Kommunikationsinstrument Körper wohlwollend zu betrachten und selbstbewusst einzusetzen, ist auf verschiedene Arten möglich.

Denn Körpersprache wirkt IMMER! Und zwar persönlich(!) von innen nach außen und von außen nach innen! (Siehe dazu auch unten.)

KörpersprachIICH – mein Wirkungs-Stil – der Test

Der individuelle Ausdruck ist geprägt von persönlichen Gewohnheiten, angeborenen Voraussetzungen und natürlich von der ganz eigenen Lebenserfahrung. Vieles ist situativ sehr unterschiedlich, und doch lassen sich häufig Muster erkennen.

Der folgende kleine Fragebogen soll Ihnen einen Blick auf Ihren ganz persönlichen Ausdruck verschaffen. Er kann Ihnen dabei helfen, sich Ihrer körpersprachlichen Wirkung bewusster zu werden und gibt hoffentlich Motivation, den einen oder anderen Entwicklungsweg weiter zu verfolgen.

Bitte fühlen Sie sich in die angegebenen Situationen kurz ein und kreuzen Sie anschließend jene Antwort an, die Ihrem Verhalten am ehesten entspricht. Je spontaner und ehrlicher, desto besser. Es gibt dabei kein „Richtig" oder „Falsch".

Dieser Test bietet einen Gesamtüberblick und momentanen Eindruck. Er dient zur Selbstreflexion und soll Sie keinesfalls körpersprachlich „festnageln". ☺

Mein Wohlfühlort

In welcher Umgebung würden Sie am liebsten Urlaub machen? Wo fühlen Sie sich körperlich wohl, locker, entspannt?

❑ In einer Stadt. Ich liebe das bunte Treiben und genieße es, Teil der Hektik und Unruhe zu sein. (D)

❑ Am liebsten an einem Ort, den ich schon kenne, oft mit Handy oder Laptop. Hier ist alles so, wie ich es möchte. (A)

❑ In der freien Natur oder im Wellnesshotel. Nur dort habe ich das Gefühl, richtig entspannen und durchatmen zu können. Ich genieße gerne die Ruhe. (B)

❑ Ich lerne gerne neue Kulturen kennen. Ich möchte Unbekanntes erleben und neue Kontakte knüpfen. (C)

❑ Egal. Ich halte es sowieso nicht lange an einem Ort aus. Bin ich in der Stadt, zieht es mich aufs Land und umgekehrt. (E)

Mein Wahrnehmungsfokus

Worauf achten Sie bei anderen körpersprachlich zuallererst?

❑ Auf den ersten Eindruck, besonders auf den Händedruck – der verrät mir alles über den Charakter! (D)

❑ Auf die Haltung – nur wer aufrecht und gerade auftritt, hat „Rückgrat"! (A)

❑ Auf den Blick – denn die Augen sind der Spiegel der Seele! (B)

❑ Ich achte immer auf die Stimmigkeit des Gesamteindrucks – ob alles zusammen-passt und authentisch wirkt. (C)

❑ Was mir als erstes ins Auge springt – meistens achte ich gar nicht auf Körper-sprache. (E)

90

Mein Stand

Stellen Sie sich vor, Sie stehen an einer Bushaltestelle. Wie stehen Sie normalerweise?

❑ Ich stehe meistens auf einem Bein, das andere trägt kaum Gewicht und ist flexibel. Wenn es geht, lehne ich mich auch gerne irgendwo an. (B)

❑ Meine Beine stehen oft ganz nah zusammen und beide Knie sind durchgedrückt. Ich stehe fast wie auf einem Punkt, auf dem ich balanciere. (A)

❑ Ich stehe meist breitbeinig und stabil – das finde ich bequem. (C)

❑ Ich habe mir noch nie Gedanken über meinen Stand gemacht und kann dazu keine Angaben machen. (E)

❑ Ich stehe kaum still. Eigentlich bin ich ständig in Bewegung, wippe oder wechsle meinen Standort. (D)

Mein Gang

Wie gehen Sie normalerweise? Welche „Gang-Art" entspricht Ihnen am ehesten?

❑ Ich mache meistens lange, raumgreifende Schritte und gehe eher schnell. (C)

❑ Einen besonderen Gang kann ich an mir nicht entdecken, das variiert. (E)

❑ Meine Schritte sind kurz, manchmal sogar trippelnd, so komme ich schnell von einem Ort zum anderen. (A)

❑ Ich fühle selten den Boden unter den Füßen. Es kann passieren, dass ich stolpere oder in der Hektik mit Leuten oder Hindernissen zusammenstoße. (D)

❑ Ich mache eher kleinere Schritte, hebe die Füße nicht zu sehr vom Boden ab und gehe lieber langsam. (B)

Mein Blick

Wie reagieren Sie, wenn jemand, den Sie nicht persönlich kennen, Sie anblickt?

❑ Ich bemerke es selten, wenn mich jemand ansieht. Ich weiß nicht genau. (E)

❑ So etwas macht mich sehr nervös, ich weiß dann gar nicht, wo ich hinsehen soll. (D)

❑ Ich schaue bewusst woanders hin, beobachte sie oder ihn aber immer wieder aus dem Augenwinkel, um herauszufinden, was ihre oder seine Absichten sind. (A)

❑ Wenn mir jemand sympathisch ist, schaue ich einfach direkt und offen zurück. (C)

❑ Manchmal schaue ich zurück, manchmal nicht. Mir ist es meistens egal, wenn mich jemand ansieht. (B)

Meine Mimik

Welchen Gesichtsausdruck haben Sie meistens auf Fotos, wenn Sie unbemerkt abgelichtet wurden?

❑ Meistens bemerke ich die Kamera und gucke dann strahlend, frech oder fröhlich ganz absichtlich direkt hinein. (C)

❑ Mein Mund ist oft zusammengekniffen, meine Mundwinkel sind angespannt und häufig etwas nach unten gerichtet. (A)

❑ Ich sehe auf Fotos immer irgendwie anders aus. Ich habe noch keinen bestimmten Gesichtsausdruck an mir bemerkt. (E)

❑ Oft bekomme ich gar nicht mit, dass ich fotografiert werde, und bin nur halb oder nicht gut sichtbar am Bild. (D)

❑ Mein Mund ist oft geöffnet, ich schaue selten gerade in die Kamera, eher von unten nach oben. (B)

Meine Gestik

Wie sehr und auf welche Art benutzen Sie Ihre Hände beim Sprechen?

❑ Ich weiß oft gar nicht, wo ich meine Hände hintun soll. Am liebsten lasse ich Sie bequem hängen oder in den Jackentaschen. (B)

- ❏ Keine Ahnung, ich achte nicht darauf, wo meine Hände sind. (E)
- ❏ Oft fällt es mir fast leichter, mit den „Händen zu reden", als die richtigen Worte zu finden. Ich gestikuliere viel und gern. (D)
- ❏ Ich unterstreiche gelegentlich mit Gesten, was ich sagen möchte, fuchtle aber nicht gerne herum. (C)
- ❏ Ich benutze meine Hände kaum beim Sprechen. Meistens verschränke ich sie oder stecke sie in die Hosentaschen. (A)

Meine Sitzposition

Sie sitzen in einer Gruppe Menschen, von denen Sie nur wenige näher kennen. Welche Sitzposition nehmen Sie ein?

- ❏ Hauptsache locker. Wenn ich eine Hose trage, sitze ich gern auch etwas breitbeiniger oder mit ausgestreckten Beinen. (C)
- ❏ Eine bestimmte Sitzhaltung ist mir an mir noch nie aufgefallen. (E)
- ❏ Ich sitze meistens sehr aufrecht und gerade, selten angelehnt. Meine Beine schlage ich übereinander oder halte sie geschlossen. (A)
- ❏ Ich kann nicht gut ruhig sitzen. Meistens wechsle ich die Position und wippe auch oft mit den Füßen. (D)
- ❏ Ich lehne mich gerne an und lasse meine Schultern bequem nach vorne fallen. (B)

Meine Präsentation

Sie halten eine kleine Rede oder eröffnen eine Veranstaltung. Auf welche Art sprechen Sie, nachdem die erste Nervosität abgeklungen ist?

❑ Ich kann mich meistens nachher an gar nichts erinnern, was ich gesagt oder getan habe, so, als hätte ich gar nicht selbst gesprochen. (E)

❑ Andere sagen mir, dass ich oft etwas zu schnell und zu laut spreche. Manchmal verschlucke ich Wortsilben und meine Stimme wirkt etwas hoch oder schrill. (A)

❑ Manchmal fallen mir mitten im Satz keine Worte mehr ein oder ich verliere den Faden. Meine Stimme ist eher leise. (B)

❑ Ich spreche sehr ungern vor anderen Menschen. Auch nach dem ersten Lampenfieber bin ich sehr unsicher und habe Probleme damit. Ich bin immer sehr froh, wenn diese Situation endlich vorbei ist. (D)

❑ Ich habe gar kein Problem damit, vor anderen zu sprechen. Von anderen bekomme ich oft gute Rückmeldungen zu meinen Präsentationen. Meine Stimme ist klar, deutlich und angenehm. (C)

Meine Offenheit

Sie sind zu einer Feier eingeladen, wo Sie außer einer Bekannten niemanden kennen. Sie werden einer kleinen Gruppe von Leuten vorgestellt. Wie begrüßen Sie sie?

❑ Ich gebe jedem höflich die Hand. Ansonsten bleibe ich eher zurückhaltend. Die Situation ist mir etwas unangenehm. (A)

❑ Ich lächle alle Anwesenden offen an, frage nach ihren Namen und schüttle jedem die Hand. (C)

❑ Kommt darauf an, was für Leute das sind, ganz verschieden. (E)

❑ Ich lasse zuerst die anderen auf mich zukommen und reagiere dann auf die Begrüßung. So, wie es mir passend erscheint. (B)

❑ Ich grüße mit erhobener Hand und einem allgemeinen „Hallo" in die Runde. Dann bin ich froh, wenn sich alle wieder dem Gespräch zuwenden. (D)

Mein Tier-Äquivalent

Welches Tier würde Ihnen am ehesten ähneln?

❑ Eichhörnchen – quirlig, lebendig, geschäftig (D)

❑ Löwe – kräftig, dynamisch, majestätisch (C)

❑ Pferd – stolz, elegant, leistungsstark (A)

❑ Elefant – bedächtig, friedliebend, gemeinschaftsorientiert (B)

❑ Yeti – weiß, unbeschreiblich, geheimnisvoll (E)

Mein Markenzeichen

Woran erkennt man Sie Ihrer Meinung nach körpersprachlich sofort?

❑ Ich achte auf eine gute, aufrechte Haltung und tadellose Umgangsformen. (A)

❑ An mir ist nichts besonders markant oder auffällig. (E)

❑ Da gibt es ein paar Dinge an mir, von denen mir lieber wäre, sie fallen niemandem auf. (B)

❑ Ich habe eine lebhafte Mimik, Gestik und bin manchmal etwas ungeschickt. (D)

❑ Es gibt bestimmte Körperteile, die ich gerne betone. Dazu kombiniere ich gerne ein Lächeln. (C)

Antworten	A	B	C	D	E
12					
11					
10					
9					
8					
7					
6					
5					
4					
3					
2					
1					

Zählen Sie bitte jeweils die angekreuzten Buchstaben zusammen und tragen Sie die Summe aus der Anzahl der Buchstaben in das Balkendiagramm der nebenstehenden Tabelle ein.

So entsteht ein Überblick, der Ihnen zeigt, welcher Körpersprache-Typ Ihnen am ehesten entspricht. Im Anschluss finden Sie eine kleine Beschreibung Ihrer dominantesten Wirkungsfaktoren sowie weitere Fragen und Anregungen zu Ihrem Testergebnis.

Typ A: „der/die Kontrollierte"

Ihre Körperhaltung ist wunderbar aufrecht und Ihre Gestik und Mimik sind nach Möglichkeit der Situation angepasst. Sie haben konkrete Ziele und drücken durch Ihr Auftreten Leistungsbereitschaft aus. Sie haben sich im „Griff" und versuchen, stets das Richtige zu tun. Vermutlich sind Druck, Stress und Selbstkritik Ihnen nicht unbekannt. Angespanntheit und der Wunsch nach Selbst- und Fremdkontrolle drücken sich stark durch Körpersprache aus. Wenn Sie sich wenig Entspannung in Gesprächssituationen gönnen, fällt es auch anderen schwer, Ihnen näherzukommen. Das hilft zwar der persönlichen Abgrenzung, kann jedoch mitunter etwas verkniffen oder sogar dominant wirken. Sich zu öffnen und loszulassen, kann oft eine größere Herausforderung sein, als die Kontrolle über eine Situation oder sich selbst zu haben. Wo Kontrolle endet, beginnt Vertrauen.

Fragen zur Selbstreflexion:

- Fällt es Ihnen eher schwer, Vertrauen in unbekannte Situationen und Menschen zu setzen?
- Können Sie sich manchmal nur schwer entspannen?
- Unterscheiden Sie konsequent zwischen „richtig" und „falsch"?
- Sind Ihre Gedanken vorausblickend eher auf mögliche Probleme oder freudige Überraschungen gerichtet?

Anregungen für Typ A:

- Verändern Sie öfter in Gesprächen bewusst Ihre Körperhaltung. Probieren Sie aus, in welchen Positionen Sie sich wohlfühlen können und welche Wirkung das auf Ihre Gesprächspartner hat.
- Dehnen, Strecken und Schütteln lockern angespannte Körperpartien, Mimik und Gedanken.
- Mehrmaliges bewusstes Ein- und vor allem verlängertes Ausatmen lässt Sie Situationen und Ihrer Umgebung gelassener gegenübertreten.
- Lächeln Sie so oft wie möglich – allein oder in Gesellschaft. ☺

Typ B: der/die Zurückhaltende

Ihre Körpersprache ist unaufdringlich und lässt anderen Raum. Sie wirkt aber mitunter auch unsicher oder wenig engagiert. Sie stehen wahrscheinlich selten gerne im Mittelpunkt und tun sich manchmal schwer damit, sich durchzusetzen. Vielleicht fühlen Sie sich sogar überfordert, wenn Sie auf Unbekannte zugehen sollen oder jemand von Ihnen verlangt, schnell Ihre Meinung zu äußern. Ihre Bewegungen sind nicht hektisch, wirken vielleicht sogar zögerlich oder antriebslos. Auch Schüchternheit oder Unsicherheit können sogar bisweilen überheblich wirken. „In der Ruhe liegt die Kraft" ist ein wunderbarer Sinnspruch. Jedoch erfordern manche Situationen Spontaneität, Offenheit und körperlichen Einsatz. Ob bewusst oder unbewusst, Sie wirken immer!

Fragen zur Selbstreflexion:

- Fühlen Sie sich in Gesellschaft manchmal nicht wahrgenommen – wie unsichtbar?
- Fällt es Ihnen manchmal schwer, sich neuen Herausforderungen zu stellen oder sich für Neues aufzuraffen?
- Ziehen Sie sich bei Unsicherheit gerne aus einer Situation zurück?
- Lassen Sie eher anderen den Vortritt und denken mitunter, keinen Einfluss auf eine Situation zu haben, ohnehin nichts „bewegen" zu können?

Anregungen für Typ B:

- Versuchen Sie einmal bei einem Gespräch beide Beine gleichmäßig zu belasten (Knie locker) und mit den Füßen den Boden zu spüren. Der Oberkörper ist aufgerichtet. Diese Körperhaltung bewirkt sofort mehr Präsenz, gibt Energie und verringert Schüchternheit.
- „Stille Wasser sind tief" und Zurückhaltung kann sehr anziehend wirken. Erlauben Sie sich dennoch ab und zu, im Mittelpunkt der Aufmerksamkeit zu stehen oder etwas von sich selbst preiszugeben.
- Wagen Sie sich ab und zu aus der Komfortzone und stellen Sie sich unbekannten, herausfordernden Situationen – Mut lohnt sich!
- Und wenn's nicht immer klappt: „Kopf hoch", kleine Fehler und Unsicherheiten machen sympathisch! ☺

B

Typ C: der/die Präsente

Ihr Körper wirkt im Hier und Jetzt. Das bedeutet, Sie passen sich scheinbar mühelos verschiedenen Situationen an. Dabei wirken Sie offen, entspannt und trotzdem wach und interessiert. Sie schaffen es, eine Balance zwischen Senden und Empfangen herzustellen und dabei Selbstbewusstsein auszustrahlen. Ihr Durchsetzungsvermögen und Ihre Energie können allerdings mitunter andere neidisch machen oder verunsichern. Sie stehen vermutlich mit Ihrem Körper in bewusster Verbindung und sind sich klar über seine Wirkung in der Kommunikation. Wenn Sie dennoch gelegentlich anecken, kann das daran liegen, dass Präsenz raumgreifend ist und hin und wieder auf andere einschüchternd wirkt. Was andere in Ihnen sehen, kann für Sie manchmal ein Spiegel Ihrer eigenen Mängel sein, und das ist nicht immer angenehm. Achten Sie stets auch auf die individuellen Bedürfnisse Ihrer Gesprächspartner!

Fragen zur Selbstreflexion:

■ Gibt es Tage, an denen Sie Präsenz, Anpassung und Überblick ermüden? Wie gehen Sie damit um?

■ Wo sehen Sie selbst noch Entwicklungspotenzial, wenn es um Ihre authentische Kommunikation geht?

■ Wurde Ihnen schon rückgemeldet, dass Sie anderen zu wenig Raum und Zeit geben, um sich zu präsentieren?

■ Verlangen Sie von anderen oft, mit Ihrem Tempo schrittzuhalten, z.B. was Entscheidungen oder Weiterentwicklung betrifft?

Anregungen für Typ C:

■ Achten Sie auf die Grenzen anderer und üben Sie Nachsicht mit jenen, die nicht so selbstsicher und souverän im Auftreten sind wie Sie.

■ Lassen Sie andere an Ihren eigenen Erkenntnissen und Entwicklungsschritten auf dem Gebiet der Kommunikation teilhaben und geben Sie unterstützendes Feedback.

■ Geben Sie gelegentlich anderen mehr Zeit und Raum zu wirken – Zurückhaltung und Beobachtung liefern doch auch immer spannende neue Erkenntnisse!

■ Gestehen Sie sich auch selbst ab und zu ein Problem oder einen schwachen Tag zu – niemand ist perfekt. ☺

Typ D: der/die Eifrige

In Ihnen stecken jede Menge Energie und Bewegungsdrang. Sie haben Temperament, und das zeigt sich auch in Ihrer Körpersprache. Ihre Mimik, Gestik und Körperhaltungen sind lebhaft und sehr abwechslungsreich. Multitasking und Eile sind Ihnen vermutlich nicht fremd. Dass das auf Ihre Umgebung mitunter hektisch und nervös wirkt, liegt auf der Hand. Vielleicht wirken Sie auf andere im Gespräch sogar unkonzentriert, unsicher oder sogar desinteressiert. Ihre Fähigkeit, viele Dinge in kurzer Zeit zu erleben und zu erledigen, ist natürlich praktisch. Sie kann aber auch zu Ermüdung und Flüchtigkeitsfehlern, ja sogar zu Unfällen führen. Außerdem brauchen manche Begegnungen und Ereignisse Zeit, um sich zu entfalten. Damit Sie nichts verpassen und auch zur Ruhe kommen, gilt also manchmal schlicht: „Eile mit Weile!"

Fragen zur Selbstreflexion:

- Fühlen Sie sich manchmal erschöpft oder unkonzentriert?
- Was tun Sie zum Ausgleich gegen die Hektik des Alltags für Ihre Gesundheit, Ihren Körper und Ihre Sozialkontakte?
- Wofür würden Sie sich gerne Zeit nehmen, erlauben es sich aber nicht oder schieben es immer wieder auf?
- Wie schwer fällt es Ihnen, Dinge abzusagen?

Anregungen für Typ D:

- Gönnen Sie sich und anderen gelegentlich Ihre ungeteilte Aufmerksamkeit und Zeit.
- Versuchen Sie sich einzelne Ihrer körpersprachlichen Elemente wie bestimmte Gesten oder Gesichtsausdrücke bewusst zu machen und diese kontrolliert und präsent auszuüben und zu erleben.
- Achten Sie auf die Bedürfnisse und Warnsignale Ihres Körpers, besonders, wenn es um einen Wunsch nach Ruhe und Entspannung geht.
- Versuchen Sie doch von Zeit zu Zeit Tempo aus Ihrem Leben zu nehmen – Qualität vor Quantität. ☺

D

Typ E: der/die Unbewusste

Sie sind es scheinbar nicht gewohnt, sich selbst und andere bewusst wahrzunehmen und zu beobachten. Ihre körpersprachlichen Eigenschaften und deren Wirkung sind Ihnen überwiegend unbekannt. Vielleicht kommt Ihnen das Leben manchmal wie ein reiner Zufall vor. Es ist nicht ungewöhnlich, ein unklares Selbst- und Fremdbild (Anm.: Selbstbild = wie sehe ich mich selbst, Fremdbild = wie sehen mich die anderen) zu haben. Denn meistens sind wir mit anderen Dingen beschäftigt als mit Körperwahrnehmung und Kommunikationserforschung. Sich selbst und Ihren Körper als Kommunikationswerkzeug kennenzulernen und Gesprächssituationen zu analysieren, kann allerdings eine große Bereicherung und lohnende Weiterentwicklungschance für Sie sein. Denn Selbsterfahrung ist ein spannendes Abenteuer. ☺

Fragen zur Selbstreflexion:

- Welche Ihrer körpersprachlichen Eigenschaften/Schwerpunkte sind Ihnen schon bewusst?
- Welche Rückmeldungen erhalten Sie von außen zu Ihrer Art, mit anderen zu kommunizieren?
- Wie wohl fühlen Sie sich in Ihrem Körper?
- Wo sehen Sie hinsichtlich Ihres Ausdrucks konkret Entwicklungspotenzial?

Anregungen für Typ E:

- Beobachten Sie sich selbst in verschiedenen Situationen und erleben Sie bewusst, mit welchen körpersprachlichen Mitteln Sie kommunizieren.
- Schlüpfen Sie bewusst in verschiedene Haltungen und „Körperspracherollen". Überprüfen Sie, wie sich das anfühlt. Nutzen Sie dazu die Übungen in diesem Buch.
- Teilen Sie mit einer Vertrauensperson Ihre Beobachtungen und Einschätzungen und bitten Sie um Feedback zu Ihrer Wirkung.
- Lernen Sie Ihren Körper besser kennen und probieren Sie aus, was zu Ihnen passt, egal ob sportlich oder kreativ, ob Yoga oder Theaterworkshop. Jede Art der bewussten Körperwahrnehmung lohnt sich! ☺

E

ÜBUNG/SELBSTREFLEXION:

Wie ist es Ihnen bei dem Test ergangen? Vielleicht sind Sie ein „klarer Mischtyp" und reagieren in verschiedenen Situationen sehr unterschiedlich. Vielleicht ergibt sich aber auch ein eindeutigeres Bild. In welche Richtungen sehen Sie noch Weiterentwicklungsmöglichkeiten? Besprechen Sie mit einer vertrauten Person das Ergebnis und finden Sie heraus, ob andere Sie ebenso einschätzen.

Achtung: Dieser Test stellt keinen Versuch einer Charakterstudie dar. Körpersprache kann sehr unterschiedlich motiviert sein. Vielleicht decken sich einige der angeführten körpersprachlichen Signale mit Ihrer Persönlichkeit, vielleicht sind Sie sich Ihrer eigenen Wirkung gar nicht genau bewusst.

Egal, was der Test Ihnen über sich selbst verrät, in jedem Fall sind und bleiben Sie wirkungsvoll einzigartig. ☺

Wenn Sie in den Spiegel sehen, blickt Ihnen immer ein einzigartiges Original entgegen.

Meine innere Haltung – nach außen verkörpert

Wie bereits in Kapitel 2 in diesem Buch beschrieben, übersetzt unser Gehirn Gedanken in Bewegungen – sowohl willkürlich als auch unwillkürlich. Wenn wir uns mit unseren inneren Überzeugungen, persönlichen Erinnerungen und „Weltbildern" beschäftigen, so strahlen diese Gedanken stets nach außen. Sie erzeugen Emotionen und beeinflussen dadurch stark Mimik, Gestik und Haltung. Um den Körper in seiner Ausdruckskraft zu stärken und sich selbstbewusst und wohlzufühlen, ist Mentaltraining eine wertvolle Unterstützung.

Ich habe zu diesem Thema ein Interview mit dem Experten Ing. Sepp Schild geführt. Er ist Mentaltrainer, Unternehmer, Spitzensportexperte und Vater der ehemaligen Skirennläuferin und Weltcupsiegerin Marlies Raich (vormals Schild) sowie der aktiven ÖSV-Skirennläuferin Bernadette Schild.

S.T.: *Herr Schild, Sie sagen, Gedanken erzeugen Gefühle, und diese beeinflussen wiederum das Verhalten. Wie stark ist diese Reaktionskette und wie groß ist ihre Wirkung auf das, was wir nach außen zeigen bzw. im Leben erreichen können?*

Sepp Schild: Im Sport macht die innere Haltung zum Sieg enorm viel aus, z.B. bei einem Slalomlauf bis zu 3 Sekunden Zeitunterschied beim Ergebnis – unabhängig von einer perfekten Trainingsvorbereitung, dem passenden Material und guten Pistenbedingungen!

Die eigene Vorstellungskraft, das „An-mich-Glauben" macht einen Erfolg erst möglich. Die Versagensangst

Sepp Schild mit seinen Töchtern

kann den Körper nicht nur verkrampfen, sondern sprichwörtlich lähmen. Verschwindet das Gefühl des Selbstvertrauens und der Freude vor oder während eines Wettkampfes, wird ein Sieg unwahrscheinlich.

Anders gesagt: Ich kann beispielsweise optimal auf eine Prüfung, eine Präsentation oder ein Vorstellungsgespräch vorbereitet sein, aber im entscheidenden Moment meine Leistung nicht voll abrufen, wenn mein Körper nicht im „richtigen" Gefühlsmodus ist?

Genau, wenn der Spaß und die Freude an der Sache fehlen, wenn ich nicht an mich glaube, mich in Frage stelle oder Bewertungen von außen fürchte, wenn ich mich von äußeren Umständen ablenken lasse und mein Ziel aus den Augen verliere, wenn aus einem „Ich will" ein „Ich muss" wird, dann stellen sich negative Gefühle ein, die sich körperlich und situationsbezogen auswirken.

Ein Beispiel: Beim Fußball-EM-Halbfinale 2010 zwischen Italien und Spanien zeigte sich dieser Effekt auf beeindruckende Weise. Das Spiel endete nach der Verlängerung mit 0:0 und war von Taktik geprägt. Die Körpersprache der italienischen Spieler, wenn sie zum Elfmeterpunkt schritten, zeigte mir auf der Tribüne ihre Angst vor dem Versagen. Sie gingen gebeugt, handelten mit unentschlossenen Bewegungen und wirkten mutlos. Schlussendlich verloren sie das Duell mit 4:2. Die Spanier gingen mit hocherhobenem Haupt zum Elfmeterpunkt und signalisierten so klar ihr Selbstvertrauen. Das Elfmeterschießen gewann Spanien mit 4:2!! Aus meiner Sicht wurde das Spiel durch die fehlende Mentalkraft verloren. Die Vision, zu siegen, fehlte.

Nicht nur im Sport entscheidet die Mentalkraft über Sieg und Niederlage

Wie kann ich nun durch aktive Gedanken meinen Körper dabei unterstützen, positive Gefühle und damit gewünschtes Verhalten – z.B. Lockerheit, Offenheit etc. – herzustellen?

Der Körper kann sowohl durch Bilder als auch durch Wörter beeinflusst werden.

Sicher kennen Sie das sprichwörtliche Bild der Mutter, die wie eine Löwin für ihre Kinder kämpft und plötzlich ungeahnte Kräfte mobilisiert. Im Mentaltraining wird bewusst mit Symbolen, aber auch körperlichen Ankerpunkten (siehe Übung) als Überträger von Fähigkeiten und Stimmungen gearbeitet. Dadurch werden biochemische Reaktionen herbeigeführt. Die Beeinflussbarkeit des Menschen wird hier mit Vorteil genutzt.

Beim Mentaltraining geht man davon aus, dass alle erwünschten emotionalen Ressourcen und Reserven (= innere Quellen) in der Anlage bei jedem Menschen von Natur aus vorhanden sind. Oft ist jedoch der Zugang zu diesen inneren Quellen verschüttet, verborgen oder verloren gegangen. Ich versuche mit meinen KlientInnen also diesen Kontakt wieder herzustellen. Ich arbeite beim Mentaltraining mit Fantasiereisen, Farben, Aktivaffirmationen oder Kraftsätzen und Vorstellungsgeschichten. Entscheidend ist, zu seinem gewünschten Gefühl zu kommen und dort mindestens eine Minute zu bleiben.

Meistens geht es darum, Spannung und Leistungsdruck abzubauen und in ein Losbzw. Zulassen zu verwandeln. Erst dadurch kann sich das volle körperliche und geistige Potenzial eines Menschen entfalten.

Wie gehe ich mit Gefühlen um, die von Seiten des Körpers meine Gedanken beeinflussen? Z.B. Schmerzen?

Selbstverständlich ist das Leben eines Spitzensportlers, wie das Leben jedes Menschen generell, voller Herausforderungen. Es ist mitunter ein Wettbewerb, und nicht jeden Tag ist man in körperlicher Höchstform. Hier geht es, wie in jedem anderen Beruf und Lebensbereich, darum, im entscheidenden Moment im „Jetzt" zu sein, Störendes auszublenden und sich auf die Aufgabe zu konzentrieren, die vor einem liegt. Körper und Geist sollen zusammenarbeiten. Sie ergänzen einander, und jeder Teil braucht seinen Raum bzw. seine Zeit. Die aktive, ausgeglichene und wohlmeinende Gestaltung dieser Zusammenarbeit liegt jeweils in der persönlichen Verantwortung.

Wie lässt sich eine dauerhafte Veränderung der Einstellung und des körperlichen Empfindens bewirken?

Ich selbst habe vor einigen Jahren den Prozess begonnen und mich auf die Reise zu meinen Emotionen gewagt. Seither unterstützen mich Mentalübungen dabei,

täglich innerlich und äußerlich in Balance zu bleiben. Dazu sind allerdings etwas Disziplin und Konsequenz nötig. Nur durch häufige Wiederholung von entsprechenden Gedanken, also von Wörtern und Bildern im Kopf, ist eine nachhaltige Veränderung von Gefühl und Verhalten möglich.

Ich beginne jeden Tag mit einem Gedankenbild, das mir körperlich und psychisch einen guten Start in den Tag beschert. Schon zwei bis drei Minuten Mentaltraining täglich können dauerhaft einen positiven Einfluss auf das Wohlbefinden haben. Der Alltag zerstört oft die besten Vorsätze. Regelmäßigkeit und Wiederholung sind der Schlüssel zu einer Routine, die Körper und Geist täglich das Selbstvertrauen gibt, das von innen nach außen strahlt und wirkt.

Zum Ausprobieren und Entdecken, wie Gedanken, Gefühle und damit Verhalten bzw. Körperempfindungen wirken, hat Sepp Schild einige Mentalübungen aus seiner umfangreichen Sammlung zur Verfügung gestellt, die im Folgenden wiedergegeben sind.

Mögliche Übungen der Mentalarbeit sind

- Fantasiereisen – Symboltechniken und Bilderarbeit,
- Affirmationen – Texttechniken,
- Gedächtnisübungen,
- körperliche Anker setzen u.v.m.

ÜBUNGEN:

Affirmationen (Texttechniken)

Affirmationen sind verbale Bestärkungsformeln, die eine suggestive Wirkung erzeugen. Das Wort wird hier als Stellvertreter für reale Reize verwendet. Ziel der Arbeit ist die Herstellung einer suggestiven Wirkung, die zur Aktivierung und Ausschüttung von Glücksbotenstoffen im Körper führt; ganz nach dem Motto: „Worte schaffen Realität." ☺

Übungsbeispiel: Aktiv-Affirmation „Freude"

In angenehmer Position im Liegen und Sitzen durchzuführen.

Anmerkung: Der hier wiedergegebene Text ist ursprünglich als Anleitung für einen Trainer konzipiert, ist aber auch selbständig gut durchführbar!

Übungsanwendung:

Beim selbständigen Trainieren schrittweise vorgehen:

- Im 1. Schritt: Affirmationstext lesen und verinnerlichen.
- Im 2. Schritt: Gefühl im Körper suchen und dann einfach spüren!!
- Im 3. Schritt: Von den ausgelösten und verspürten Gefühlen für sich selbst auftanken!
- Wiederholung macht den Meister. ☺

Affirmationstext:

Jeder Mensch trägt die Wahrnehmung von *Freude* irgendwo in sich. Schließ nun deine Augen und spüre einmal diesem *Frohsinn*, dieser *Fröhlichkeit* nach. Durchsuche deinen Körper und sag mir, wenn du sie gefunden hast.

Wo genau befindet sich dieses helle Gefühl?

Gut, dann lass diese *Freude* jetzt größer werden. Stell dir vor, dass sie sich in dir ausbreitet. Mit jedem Atemzug mehr und mehr. So, dass diese *Heiterkeit* deinen ganzen Bauchraum oder Brustraum erfüllt. Lass sie weiter wachsen. Lass die *Lebensfreude* in deine Arme und Beine hineinfließen und spüre, wie sich ein Gefühl von *Ausgelassenheit* in deinem Körper ausbreitet, bis zu deinem Kopf, in dem sich nun lauter *humorvolle* Gedanken befinden.

Kannst du das spüren?

Nimm wahr, wie du von *Freude* durchflutet bist – wie du von *Optimismus* erfüllt bist.

Kannst du das wahrnehmen?

Wie fühlt sich das an?

Was macht das mit dir?

Gut, dann genieße jetzt dieses Gefühl der *Freude* in dir und tanke nochmals so viel auf, wie du brauchen kannst, so wie ein Schwamm genauso viel aufnimmt, wie er fassen kann.

Und nun – nimm einen tiefen Atemzug und öffne wieder deine Augen!

Gedächtnis

Gedanken bestehen bekanntlich aus Wörtern, Bildern und Gefühlen, das heißt, der Mensch denkt, speichert und erinnert ausschließlich mit Hilfe dieser Faktoren. Die inhaltliche Bedeutung dieser Wörter, Bilder und Gefühle ergibt die Gedankenausrichtung.

Mit gezielter Gedankenausrichtung soll die Gestimmtheit des Übenden in seine erwünschte Richtung beeinflusst werden.

Übungsbeispiel:
Trainingstechniken für die Wortschatzaktivierung – Anagramm Vertrauen

Jeder Buchstabe des Wortes Vertrauen ist der Anfangsbuchstabe für ein neues positives Wort zu dem Thema „Vertrauen"!

Diese neuen Wörter stehen zunächst als passiver Wortschatz zur Verfügung, das heißt, man kann sie verstehen und wiedererkennen. Mit gesteigerter Häufigkeit der Benutzung wandert das Wort dann in den aktiven Wortschatz. Durch die häufige Benutzung dieser neuen Wörter entstehen viele neue Assoziationsmöglichkeiten. Das Denken und Fühlen wird durch häufige Anwendung in die erwünschte Richtung positiv beeinflusst.

Übungsanwendung:

- Über mehrere Tage sich jeweils pro Tag mit zwei bis drei Buchstaben für die Suche nach neuen Wörter beschäftigen. Es können auch pro Buchstabe mehrere neue Wörter gefunden werden.

- Die gefundenen neuen Wörter zum Thema Vertrauen über einen längeren Zeitraum sich dann immer wieder ins Gedächtnis rufen, teilweise mit Verwendung des Übungsblattes, bis die positive „Gestimmtheit" zum Thema Vertrauen sehr gut spür- und fühlbar ist

Was brauche ich, damit ich „Vertrauen" bekomme?	
V	
E	
R	
T	
R	
A	
U	
E	
N	

Technik „Ressourcen stapeln" – Anker setzen!

Diese Technik wird angewandt, wenn man für eine bestimmte Situation eine ganz bestimmte Fähigkeit zur Verfügung haben möchte! Die Ressource muss jedoch bereits vorhanden sein. Zum Beispiel „ Gelassenheit" !

Es wird von außen ein Anker am Körper gesetzt, den es noch nicht gibt. Zum Beispiel das Handgelenk.

Dann muss man sich an drei Situationen im Leben erinnern, bei der man die gewünschte Fähigkeit bereits bewusst erlebt hat. Probeweise Erinnerung an einige Momente und Erlebnisse suchen.

Übungsdurchführung: Mit geschlossenen Augen ...

■ Ressourcensituation erinnern – Die Zeitlinie des eigenen Lebens nach einer ressourcenvollen Situation absuchen – die Situation assoziiert wiedererleben (mit allen Sinnen!).

■ Höhepunkt – Ankern: Das heißt, wenn der Zustand sehr intensiv und präsent ist, dann durch mehrfaches festes Drücken auf der Ankerstelle (z.B. Handgelenk) verankern. Das Verankern kann auch noch mit dem Wort „Ja" unterstützt werden.

■ Wiederholung mit weiteren Ressourcensituationen.

Augen öffnen.

■ Separator durchführen und Anker testen: Separator = zum Beispiel aufstehen und um einen Sessel herumgehen, Glas Wasser trinken, ... Danach den Anker testen, das heißt den Anker aktivieren (also Ankerstelle, wie z.B. Handgelenk drücken) und beobachten, ob sich der gewünschte Gefühlszustand (Gelassenheit) einstellt! Wenn nicht, dann wieder retour und stärkere Ressourcensituation finden!

Zusätzlich: Zukunftssituation ausprobieren: Zukünftige schwierige Situation visualisieren und Anker mental aktivieren = Wirkung ausprobieren!

Wichtig: Täglich mindestens zwei- bis dreimal den Anker testen – so lange, bis er wirklich automatisch funktioniert!

Übung macht den Meister!!

Dazu Fragen der Selbstreflexion: Wo am Körper ist das Bild, das Gefühl etc. spürbar? Wie verändern sich Haltung und Gesichtsausdruck?

Nachrichtenübertragung von außen nach innen

Körperliches Wohlbefinden erzeugt eine offene, aufgeschlossene Haltung und einen entspannten, aufnahmebereiten Geist. Um ein Gleichgewicht zwischen diesen Elementen herzustellen, können von außen nach innen Signale gesandt werden. Über viele äußere Maßnahmen und Einflüsse wie Ernährung, Massagen, Streicheleinheiten, Bewegung, Sport, Musik u.v.m. und den bewussten Umgang mit Ihrem Körper zeigen Sie sich selbst Ihre Wertschätzung und investieren in Ihr einzigartiges, unbezahlbares „Persönlichkeitsunikat".

Die „Facial-Feedback-Hypothese"

Dass sich ein Lächeln auf andere überträgt, ist nicht neu. Sehr häufig kommen jene Signale, die wir mimisch aussenden, zu uns zurück. Wir wirken eben auf andere. Und diese wiederum auf uns. Jemandem mit finsterer Miene fröhlich ins Gesicht zu lächeln, ist gar nicht so einfach. Zu sehr „reagieren" wir in der Kommunikation auf das, was uns an Botschaften erreicht (siehe Seite 51).

Unbekannter ist die Tatsache, dass auch unser eigener Gesichtsausdruck auf unser Gemüt wirkt. Wer mehr lächelt, ob absichtlich oder unbewusst, hat bessere Laune. Wer häufig Trauermiene trägt, fühlt sich eher niedergeschlagen. Konkret beobachtet wird dieses Phänomen bereits seit Ende des 19. Jahrhunderts, und es konnte auch mehrfach wissenschaftlich nachgewiesen werden. Es nennt sich die „Facial-Feedback-

Hypothese". Das Anspannen verschiedener Gesichtsmuskeln, um einen bestimmten Gesichtsausdruck zu erzeugen, bringt nicht nur Blutdruck und Puls auf Trab, es kann auch die jeweilige Emotion auslösen. Offenbar gibt es also eine Art Rückkoppelung zwischen der Gesichtsmuskulatur und den Gefühlszentren im Gehirn.

Besonders entscheidend scheint beim „Facial Feedback" auch die Anspannung der Stirnpartie zu sein. Eine gerunzelte Stirn vermeldet dem Gehirn Anstrengung, während eine entspannte Stirnpartie dem Hirn Entspannung vermeldet.

Unser Ausdruck macht also auf uns Eindruck! Schauspieler nutzen unter anderem diese Methode, um in eine bestimmte Rolle zu schlüpfen. Mehr dazu in Kapitel 4.

ÜBUNG:

Mit anderen Augen sehen ...

Wie Mimik nach außen und innen wirkt, zeigt dieses kleine Experiment:

Verengen Sie bitte die Augen zu schmalen Schlitzen, als würden Sie gegen ein helles Licht sehen (nicht zu schmal!). Jetzt schauen Sie sich um und betrachten mit diesen schmalen Augen Gegenstände, Menschen oder den Raum, in dem Sie sich befinden.

Und nun versuchen Sie, mit diesem Gesichtsausdruck einen positiven Gedanken zu fassen. Gar nicht so einfach, oder?

Entspannen Sie Ihr Gesicht bzw. schütteln Sie es kurz aus.

Nun machen Sie die Augen groß und rund (wie Christbaumkugeln). Sehen Sie sich mit diesen runden Augen um. Welche Gefühle stellen sich ein? Welche Gedanken kommen Ihnen in den Sinn? Versuchen Sie einmal mit diesen runden Augen ärgerlich oder depressiv zu sein. Auch nicht so leicht möglich, oder? Wie man in die Welt hineinschaut, so schaut sie also zurück. ☺

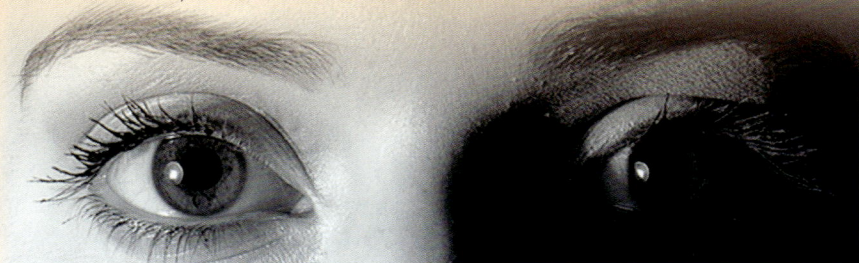

Körperfaszination

Unser Körper ist ein Wunderwerk. Er ist nicht nur eine hochkomplexe biologische Lebensmaschine, sondern besitzt auch faszinierende sensible Mitteilungseigenschaften hinsichtlich seiner Bedürfnisse und Zustände.

Im Sprachgebrauch finden sich unzählige Hinweise darauf, wie der Körper durch seine Signale der Psyche Hinweise darauf gibt.

Die Wechselwirkung der Wahrnehmung zwischen Körper und Psyche wird auch „Embodiment" (Verkörperung) genannt. Im Wesentlichen ist damit gemeint, dass „Bewusstsein" einen Körper, also physische Interaktion braucht (siehe: https://de.wikipedia.org/wiki/Embodiment).

Wer hinhört und seine Gefühle wahrnimmt, hat vermutlich schon selbst am eigenen Leib erfahren, wie es ist, wenn einem das Herz „in die Hose rutscht", „gebrochen wird" oder „ein Stein vom Herzen fällt". Vielleicht ist Ihnen schon einmal etwas so richtig „auf den Magen geschlagen", „über die Leber gelaufen", Sie spüren die schwere „Verantwortung, die Sie auf den Schultern tragen" oder Ihnen ist sogar schon „die Galle hochgekommen".

Manchmal reagiert der Organismus so übermächtig auf Botschaften oder Umstände, dass uns im wahrsten Sinne des Wortes „die Knie weich werden" oder „der Kopf zu zerspringen" droht.

Mitunter sind die Signale des Körpers, die sich in starken Gefühlen und Haltungen äußern, aber nicht so leicht zu entschlüsseln. Es ist oft schwierig, einen Zusammenhang zwischen Ursache und Wirkung herzustellen und zu erkennen, was uns der Körper sagen will. Kopfschmerzen, Rückenschmerzen, Bauchweh … Unwohlsein, diffuse Leiden, für die es scheinbar keinen logischen Grund gibt, senden uns Zeichen, die wir nicht immer zu deuten wissen.

Körperbalance – Seelenspiegel

Jemand, der ganz genau hinschaut und -hört und sich völlig sanfter Gesundheit und ganzheitlichem Wohlbefinden verschrieben hat, ist Hannes Flieder. Er ist staatlich geprüfter Heilmasseur mit Spezialisierung auf Akupunkturmassage nach Wolfgang Geiger. Ich habe ihn zu den Themen Bedürfnissignale des Körpers, persönliche Achtsamkeit und Energiebalance interviewt.

S.T.: Herr Flieder, was bedeutet Energiearbeit und wie funktioniert sie?

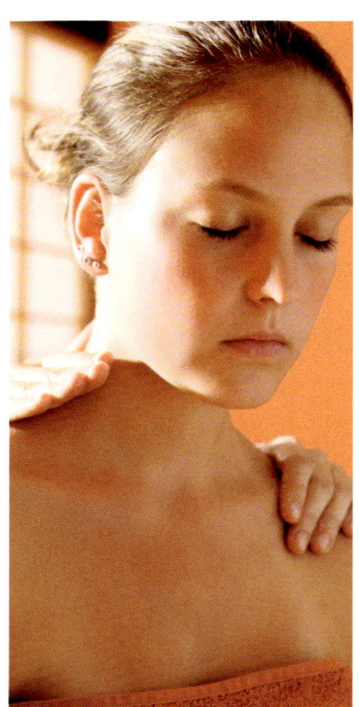

Hannes Flieder: Energie in ihrer reinen Form bedeutet Leben. So wie eine Pflanze funktioniert auch der Mensch. Die Materie Pflanze benötigt wärmende Energie, um sich zu entfalten, kühlende Kraft, um sich schließen zu können, sowie Energien, die Trockenheit, Feuchtigkeit und Bewegung bewirken. Beim Menschen sind diese Elemente in ihrer reinen Form ebenso wichtig. Zu viel Hitze oder Kälte etc. führt bei der Pflanze ebenso wie beim Menschen zu eingeschränkter Kraft und Unwohlsein.

Durch meine Arbeit helfe ich dem Körper dabei, positive Energien aufzubauen oder pathologische abzuleiten und so eine ungestörte Zirkulation von Lebenskraft herzustellen.

Durch Akupressur mittels eines Metallstäbchens werden Meridiane (Energiebahnen) des Körpers angeregt und so gezielt Energie hingeleitet, wo sie gerade gebraucht wird – z.B. Wärme in die Niere. Im Gegenzug kann auch überschüssige und störende Energie ab- und ausgeleitet werden, beispielsweise Hitze nach einer akuten Verletzung wie etwa einer Bänderüberdehnung. So können wieder Wohlbefinden und Balance hergestellt werden.

> **Hinweis**: Energetische Arbeit ersetzt keinesfalls Schulmedizin! Es werden weder Diagnosen gestellt noch wird von außen in das System des Körpers eingegriffen. Es handelt sich bei Energiearbeit lediglich um die Hilfestellung zur Erreichung einer körperlichen bzw. energetischen Ausgewogenheit mittels verschiedener Methoden wie zum Beispiel Akupunkturmassage.

Mit welchen Beschwerden kommen Menschen zu Ihnen?

Die gängigsten Beschwerden und Symptome meiner KlientInnen betreffen belastende Kopf-, Rücken-, Magen- und sonstige Schmerzen, für die es keine unmittelbare klinische Ursache gibt. Ich stelle als Nichtmediziner keine Diagnosen, sondern führe lediglich eine sogenannte „energetische Befundung" durch. Außerdem unterstütze ich den Körper dabei, therapiebegleitend und vorbeugend Energie zur Selbstheilung aufzubauen, z.B. nach Krankheiten, Verletzungen, Medikamenteneinsatz, bei psychischen Belastungen etc. Die Erfahrung zeigt deutlich, dass auch Menschen ohne akute Beschwerden bei einer Behandlung alle vier bis sechs Wochen stabiler und in ihrem Naturell fitter sind.

Wie erstellen Sie Ihren Behandlungsplan bzw. woran erkennen Sie, wie Sie vorgehen müssen?

Viele Symptome und körperliche Anzeichen geben mir Hinweise auf mögliche Ansatzpunkte. Hierbei helfen mir verschiedenste Methoden wie Pulsmessung, Armlängentest oder Zungendiagnose sowie genaues Beobachten und Zuhören. Es ist fast wie Detektivarbeit.

Ein Beispiel: Ein Klient kommt mit Rückenschmerzen zu mir. Ich suche nach energetischen Ursachen und Auslösern. Hierbei spielen sowohl innere als auch äußere Faktoren eine Rolle. Ich stelle zuerst eine Blockierung seines linken Kreuz-Darmbeingelenkes (Anm. Gelenkverbindung Kreuzbein und Hüftknochen, siehe Foto der Übung auf Seite 115) fest, welches in Verbindung mit dem Darm steht, frage nach Ernährung, Umständen, psychischem Befinden. Es stellt sich zum Beispiel heraus, der Betroffene hat ein Wochenende des Feierns hinter sich, schweres, fettiges Essen, Alkohol, wenig Schlaf. Leber, Galle und Darm sind somit schon energetisch geschwächt – eine mögliche Ursache für Beschwerden. Am Morgen stellte der Klient einen Parkschaden an seinem Auto fest – der Lack wurde massiv zerkratzt. Ärger und Stress sind die Folge. Weitere Faktoren, die die eben genannten Organe belasten. Ohne sichtbaren Grund stellen sich plötzlich Rückenschmerzen ein.

Äußere Faktoren wie etwa Ernährung und innere Faktoren, z.B. bestimmte Emotionen, sind miteinander verbunden und bewirken Symptome. Meine Aufgabe ist es, die Auslöser für diese Symptome zu finden und diese energetisch zu behandeln.

Welche Übungen, Tipps und Tricks empfehlen Sie Ihren KlientInnen, um gesund zu bleiben und ihre Energien im „Fluss zu halten"?

Natürlich sind eine ausgewogene Ernährung, viel Wasser trinken und regelmäßige Bewegung eine absolut empfehlenswerte Grundlage, um den Körper in Balance zu halten. Besonders das Dehnen von einzelnen Muskelpartien halte ich für wichtig, damit die Energie fließen kann. Es ist wichtig, auf die Bedürfnisse des eigenen Körpers zu hören und Signale wahrzunehmen. Sich ein wenig mit dem Kreislauf der Elemente, dem Zusammenhang zwischen Organen und ihren Energiequellen oder der Bedeutung und Zuschreibung von Uhrzeit oder individuellen Akupressurpunkten auseinanderzusetzen, kann sehr hilf- und aufschlussreich sein.

Als Anregung habe ich hier einige einfache, aber wirkungsvolle Übungen und Hinweise beigefügt, damit interessierte LeserInnen dieses Buches einen kleinen Einblick in meine Arbeit bekommen und am eigenen Körper die Wirksamkeit der Traditionellen Chinesischen Medizin erfahren können.

> *Wer nie Zeit hat, sich um seine Gesundheit zu kümmern, wird eines Tages viel Zeit haben müssen, krank zu sein.*
>
> Sebastian Kneipp (1821–1887),
> Naturheilkundler und katholischer Theologe

Übungen & Akupressurpunkte

Übungen: Dehnen & Verschieben

Übung 1

Legen Sie sich auf den Rücken und ziehen Sie die Beine mit abgewinkelten Knien Richtung Oberkörper. Die Arme liegen seitlich ausgestreckt. Nun legen Sie die Beine abwechselnd links und rechts vom Körper ab, wobei der Rücken möglichst gerade am Boden liegen bleibt (Achtung: kein Hohlkreuz!). Der Oberkörper bleibt möglichst gerade liegen. Sie spüren deutlich eine Dehnung des unteren Rückenbereichs.

Übung 1

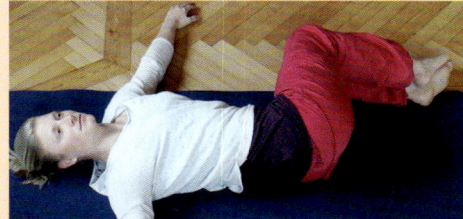

Übung 2

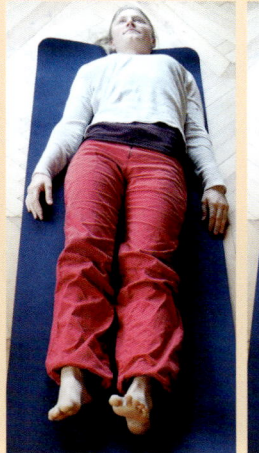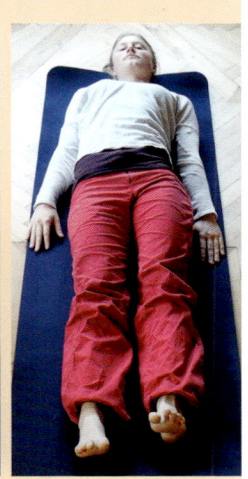

Übung 2

Nun legen Sie sich wieder auf den Rücken, die Arme seitlich am Körper; halten Sie sich gegebenenfalls mit den Händen fest oder drücken Sie die Handflächen auf den Boden. Nun verschieben Sie Ihr Becken abwechselnd diagonal rechts und links. So erhalten Sie auf sanfte Weise mehr Mobilität im Beckenbereich (z.B. Kreuzdarmbeingelenk) und Energie kann ungehindert fließen.

Hinweis:

Arbeiten Sie bitte nur innerhalb Ihres persönlichen Bewegungsspielraums. Diese Übungen sollten keinerlei Schmerzen verursachen!

Das Kreuzdarmbeingelenk

Maximalzeiten der Organe nach der Organ-Uhr	
Herz	11–13 Uhr
Dünndarm	13–15 Uhr
Blase	15–17 Uhr
Niere	17–19 Uhr
Kreislauf	19–21 Uhr
Dreifacher Erwärmer	21–23 Uhr
Gallenblase	23–1 Uhr
Leber	1–3 Uhr
Lunge	3–5 Uhr
Dickdarm	5–7 Uhr
Magen	7–9 Uhr
Milz, Pankreas	9–11 Uhr

Organ-Uhr

In der Traditionellen Chinesischen Medizin wird jedem Organ eine bestimmte Uhrzeit zugeschrieben. In dieser Zeit ist dieses Organ mit all seinen Aufgaben besonders aktiv und wird mehr mit Energie durchflutet. Sollten Sie z.B. nachts immer um die gleiche Uhrzeit aufwachen oder sich um eine bestimmte Tageszeit geschwächt fühlen, kann das ein Hinweis darauf sein, dass ein bestimmtes Organ energetische Unterstützung braucht. Beobachten Sie es selbst!

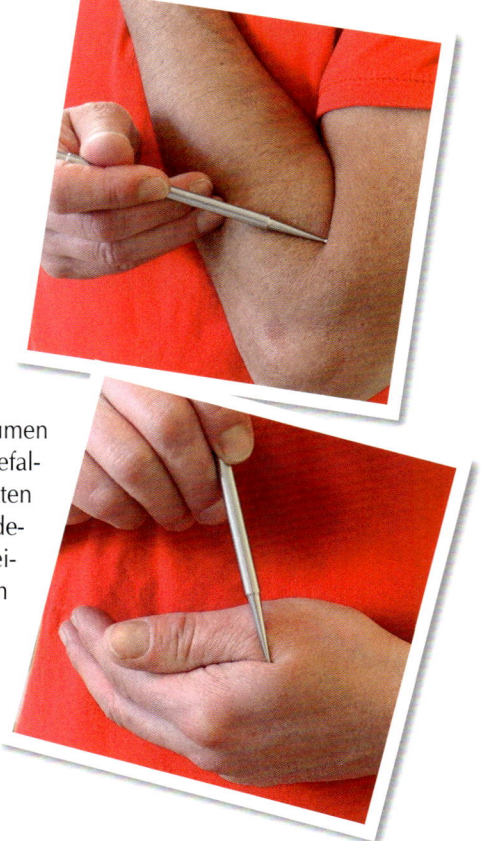

Schmerzpunkte

Auf dem rechten und linken Arm beim Ellbogen am Ende der Beugefalte befinden sich die Akupressurpunkte „Dickdarm 11". Auf der rechten und linken Hand zwischen Daumen und Zeigefinger finden sich am Ende der Beugefalten die Punkte „Dickdarm 4". An diesen Punkten können pathologische Energien, die verschiedene Schmerzen erzeugen, aus allen Körperbereichen ausgeleitet werden. Drücken Sie mit dem Daumen einen dieser Punkte. Sie werden vermutlich einen deutlichen Schmerz fühlen. Stimulieren Sie die gewählten Punkte abwechselnd wiederholt eine Minute lang und spüren Sie nach, wo im Körper Spannung und Schmerz abgebaut werden.

Anmerkung der Autorin: Dies soll kein glühendes Plädoyer für die alleinige Wirksamkeit von Energiearbeit, Mentaltraining oder gar ein Statement gegen Schulmedizin sein. Ich denke, die gegenseitige Ergänzung von profunden Professionen, professionellen Denk- und Arbeitsansätzen ermöglicht erst einen ganzheitlichen Blick auf unser komplexes Wesen. Ich möchte also aufzeigen, dass Signale und Botschaften des Körpers auf verschiedenen Kanälen gesendet und empfangen werden können, und dazu anregen, alle zur Verfügung stehenden Möglichkeiten nach persönlichem Geschmack und Empfinden zu nutzen, um optimal mit dem eigenen Körper kommunizieren zu können – nach innen und nach außen!!

KÖRPERAKUPUNKTUR

Hannes Flieder

Berglandstraße 4
5700 Zell am See
Tel: 0664/3916122

Aus Erfahrung ...

Wie stark Körper und Psyche einander beeinflussen, wie abhängig sie voneinander sind und wie lohnend es ist, wenn beide an einem „Strang ziehen", habe ich selbst erfahren.

Viele Jahre lang litt ich an einer schweren Essstörung – der sogenannten Bulimie, auch Ess-Brech-Sucht genannt. Während dieser Zeit lehnte ich meinen Körper strikt ab. Ich kann bestätigen, dass man sich in einem solchen Zustand im wahrsten Sinne des Wortes „nicht mehr spürt".

Ich reagierte kaum mehr auf Signale meines Körpers und ignorierte oft Schmerzen, Erschöpfung, Hunger und viele andere Bedürfnisse. Nach außen hin trug ich stets eine Maske der Fröhlichkeit, Stärke und Leistungsbereitschaft. Wie unauthentisch ich tatsächlich gewirkt haben muss, ist mir erst heute klar.

Als dieses Foto im Jahr 2000 gemacht wurde (eine der seltenen Aufnahmen aus dieser Zeit), steckte ich bereits tief in der Ess-Brech-Sucht. Vielleicht können Sie sehen, wie unangenehm mir diese Aufnahme war, wie blass, ertappt und unglücklich ich wirke. Ich denke, es zeigt sehr klar, wie es mir damals ging. Rückblickend finde ich es seltsam, dass mich nie jemand darauf angesprochen hat. Vermutlich habe ich körpersprachlich ziemlich eindeutig abweisend auf meine Umgebung gewirkt und so niemandem die Möglichkeit gegeben, näher an mich heranzukommen.

Seit meiner Therapie vor einigen Jahren ist es mir ein besonderes Anliegen, keine Masken mehr zu tragen und Aufklärungsarbeit zum Thema Körperbewusstsein zu leisten. Ich habe zum Thema Bulimie auch ein Buch und ein Theaterstück geschrieben, in dem ich beschreibe, wie man in eine Essstörung rutschen kann. Nicht zu Therapiezwecken, sondern sinnstiftend und um Einblick in diese Sucht zu geben und Verständnis dafür zu fördern. Es ist 2008 ebenfalls im Verlagshaus der Ärzte erschienen und heißt *Zum Kotzen. Tagebuch einer Bulimieerkrankung.*

Seit meiner Entwicklung zur körperlichen und seelischen Gesundheit ist mir klar: Angstfreiheit und Selbstwertschätzung sind die Voraussetzung dafür, um sich klar so zeigen und geben zu können, wie man ist – einzigartig und unverwechselbar.

Haben Sie keine Angst vor Ihrer Wirkung! Und wirken Sie so, wie Sie wollen! In jeder Situation. Sie sind es wert!

Ihr Körper ist ein einzigartiger Schatz. Ohne ihn wäre jeder noch so brillante Geist ohne Materie! Hüten und pflegen Sie Ihren besonderen Schatz, der auf so faszinierende Weise alles ausdrücken kann, was Sie Ihrer Umwelt mitteilen wollen. Betrachten Sie ihn wohlwollend und wertschätzend auf die gleiche Weise, wie Sie selbst betrachtet werden wollen und andere betrachten.

Gesundheit ist nicht alles,
aber es ist alles nichts ohne Gesundheit.

Kapitel 4

Alles Theater?!

Das berühmte Zitat von William Shakespeare (siehe rechts) lässt nicht nur die Grenzen zwischen Theater und Realität verschwimmen, es lädt uns auch dazu ein, das Leben leichter und spielerischer zu betrachten. Wir alle „verkörpern" im wahrsten Sinne des Wortes verschiedene Rollen. Ich vermeide bewusst das Wort „spielen", denn das würde bedeuten, eine Maske aufzusetzen und jemanden darzustellen, der man nicht ist. Doch wir alle sind jemandes Kind, Partner/in, Freund/in, Kollege/in, vielleicht auch Mutter/Vater, Vorgesetzte/r usw. – wir alle „leben" verschiedene Rollen. Und in allen verhalten wir uns unterschiedlich. Für einige scheinen wir geboren, in andere müssen wir erst „hineinwachsen". Wie wir diese Rollen gestalten, steht uns im Erwachsenenalter weitgehend frei. Solange sie im Einklang mit der eigenen Persönlichkeit stehen, besteht keine Gefahr, unauthentisch zu wirken. Übungen und Anleitungen aus dem Theaterbereich bieten uns zahlreiche Möglichkeiten der kreativen Weiterentwicklung und persönlich passenden Gestaltung unserer individuellen Lebensrollen. Sehr vieles lässt sich dabei über Körperarbeit erfühlen und erarbeiten.

Die meisten Kunstrichtungen betrachten den Körper und seine Sprache als zentrale Ausdrucksform; viele, wie Malerei, Bildhauerei, Pantomime, Tanz, Puppenspiel oder Clownerie, kommen gänzlich ohne Sprache und Text aus. Und das seit hunderten von Jahren. Bevor der Tonfilm die Leinwand eroberte, hieß es aus Stummfilmkreisen noch selbstbewusst: „Nur im Schweigen ist Schönheit". Berühmte Haltungen und Darstellungen in der Kunst regen unsere Fantasie noch heute an und geben den Betrachtern immer wieder Rätsel auf.

> *„Die ganze Welt ist Bühne und alle Frauen und Männer bloße Spieler, sie treten auf und gehen wieder ab."*
>
> William Shakespeare (1564–1616), englischer Dramatiker, Lyriker und Schauspieler

Körpersprache transportiert eben Emotion und diese „bewegt" andere.

Vorhang auf – Ihr großer Auftritt!

Kennen Sie das? Manche Menschen betreten nicht einfach den Raum – sie erscheinen! Großen Stars und mächtigen Menschen wird oft die Fähigkeit bescheinigt, durch bloße Anwesenheit einen Raum zu erfüllen. Meist wird diesen Personen einfach angeborenes Charisma zugeschrieben. Dass eben genau diese Ausstrahlung, die auf andere Menschen anziehend wirkt und unverwechselbar macht, zu einem Großteil das Ergebnis von Selbstreflexion und Übung ist, wird dabei gerne übersehen. Wenn wir davon absehen, dass es ein „Charisma des Amtes" gibt, also bestimmte Aufmerksamkeit und Wirkung, die z.B. eine politische Machtposition o.Ä. grundsätzlich innehat, so ist für die weitere Ausstrahlung die Persönlichkeit zuständig.

Der erste Schritt dazu heißt Präsenz. Präsenz bedeutet „Anwesenheit" und „Gegenwart". Dieser Zustand macht uns für andere sichtbar und bedeutet gleichermaßen wahrgenommen zu werden und selbst andere wahrzunehmen. Dazu gehört zuallererst, sich seiner selbst und der eigenen Wirkung bewusst zu sein. Mit welcher Einstellung betrete ich einen Raum? Wie fühle ich mich in meiner Haut/meinem Outfit/meiner Rolle?

Außerdem geht es darum, „auszuhalten", von anderen gesehen zu werden und im Zentrum der Aufmerksamkeit zu stehen. Das mag einfach klingen.

Ob das geheimnisvollste Lächeln der Welt, Davids idealisierter Körper oder ein Musiker auf der Bühne – Kunstwerke bzw. Kunst und ihre Wirkung sind zeitlos.

Voller (Körper-)Einsatz für starke Präsenz!

Denken Sie jedoch einmal an unangenehme Situationen, wo Lampenfieber, Unsicherheit oder Prüfungsangst bewirken, dass wir am liebsten unsichtbar wären. Werden wir jedoch nicht von anderen bewusst wahrgenommen, sind wir im wahrsten Sinne des Wortes nicht „wirksam".

Der Vorteil ist, Körpersprache ist immer (!) präsent. Für den Körperausdruck existiert keine andere Zeitebene als das Jetzt. Es sind die Gedanken, die abschweifen, um sich selbst kreisen, vorwärts und rückwärts springen und damit verhindern, dass wir im Moment strahlen. Das gelingt nur durch die aktive Zusammenarbeit von Kopf UND Körper.

Die grundsätzliche Formel für Präsenz lautet:

Gegenwart
+ Raum
+ Haltung

= Präsenz

Im Folgenden werden wir uns jeder dieser Komponenten einzeln näher zuwenden, um so dem „Geheimnis" der Präsenz auf die Schliche zu kommen. Dabei können Methoden und Techniken der Bühnenarbeit sehr hilfreich sein.

„Wenn ein Mensch durch den Raum geht und ein anderer sieht zu, ist das Theater."

Peter Brook (geb. 1925), britischer Theaterregisseur

ÜBUNG/SELBSTREFLEXION:

Welche Menschen wirken auf Sie präsent und charismatisch? Welche Eigenschaften und körperlichen Signale fallen Ihnen an diesen Personen auf? Was beeindruckt Sie dabei besonders?

Gegenwart – Fokus Moment

Wer präsent ist, wirkt im Hier und Jetzt. Das bedeutet, alle anderen Gedanken und Zeitebenen wie etwa das Vorher und Nachher auszublenden und sich nur auf den Moment zu konzentrieren. Vielleicht ist Ihnen schon einmal aufgefallen, wie abwesend Menschen wirken, die zwar physisch im Raum sind, gedanklich aber ganz woanders.

Und vielleicht fällt Ihnen auch an sich selbst auf, wie wenig Sie von einer Situation oder Ihren Mitmenschen wirklich mitbekommen, wenn Sie gerade über Ihr aktuelles Problem in der Arbeit, das letzte Telefonat mit Ihrer Freundin oder das geplante Wochenende nachdenken.

ÜBUNG PRÄSENZ:

ICH – JETZT – HIER

Fällt es Ihnen manchmal schwer, Ihre Gedanken „im Zaum" zu halten? Schweifen oder schalten Sie immer wieder mal gerne ab? Grundsätzlich sind alle mentalen meditativen Übungen (z.B. Fantasiereisen) geeignet, um im Augenblick „zu sich" zu kommen. Wenn Sie dabei noch etwas „ausstrahlen" wollen, versuchen Sie doch einmal Folgendes:

Wählen Sie einen Gegenstand aus, den Sie z.B. für eine Präsentation brauchen oder den Sie immer bei sich haben. Nun versuchen Sie, sich auf diesen Gegenstand zu konzentrieren und ihn bewusst mit allen Sinnen wahrzunehmen.

- Welche Beschaffenheit hat der Gegenstand? Aus welchem Material besteht er? Wie fühlen sich seine Oberfläche und seine Umrisse an?
- Welche Temperatur und welches Gewicht hat der Gegenstand?

- Welche Geräusche erzeugt er, wenn man damit hantiert?
- Wie riecht dieser Gegenstand? Welchen Geschmack vermuten Sie?

Nun ist Ihre gesamte Aufmerksamkeit im Hier und Jetzt angekommen. Ihre Sinne sind fokussiert, und schon sind Sie bereit, zu senden und zu empfangen.

Tipp: Diese Übung können Sie natürlich auch ohne Gegenstände machen und auf diese Weise sich selbst und/oder die Umgebung rund um Ihren Körper erfühlen. Entscheidend ist dabei, alle Gedanken auf die Jetzt-Wahrnehmung zu konzentrieren.

Raum erfüh/llend

Wirkungsvolle Menschen sind auf ganz natürliche Weise raumeinnehmend. Sie erfassen psychisch wie physisch eine Situation und finden ihren Platz darin.

Hier finden wir sowohl Elemente von Achtsamkeit und Aufmerksamkeit also auch von Macht und Dominanz wieder, wie sie auch im ersten Kapitel des Buches beschrieben wurden. Wer sich „machtlos fühlt", „fehl am Platz" oder schlicht unsicher, neigt dazu, sich körperlich zurückzuhalten und klein zu machen, nimmt also wenig Raum ein oder verändert ständig seine Position. Wenig überraschend trifft das sehr selten auf Menschen in Führungspositionen zu, die gewohnt sind, sich durchzusetzen oder Respekt zu verschaffen und häufig im Mittelpunkt der Aufmerksamkeit stehen (siehe Status). Doch gerade in Situationen, die uns Angst machen und verunsichern, erscheint das schwierig. Wir ziehen uns zurück und verschließen unsere Haltung.

Dabei geht es gar nicht darum, anderen Platz wegzunehmen, sondern körperlich wie geistig offen zu bleiben und sich selbst Raum zuzugestehen.

ÜBUNG:

Zentrierung – Grundposition

„Du sollst mit beiden Beinen im Leben stehen!" Das haben uns nicht nur unsere Eltern geraten, dieser Tipp verhilft uns im wahrsten Sinne des Wortes dazu, dass uns nichts zu schnell „umhaut", und er bewirkt Stabilität und Sicherheit. Bauen Sie die folgende Haltung vor jeder entscheidenden Situation auf, egal ob Präsentation, Bewerbungsgespräch, Vertragsverhandlung, Konfliktgespräch, und spüren Sie die Wirkung selbst.

- Unterkörper: Die Beine stehen etwa hüftbreit, die Füße sind nach vorne gerichtet und haben möglichst ganzflächigen Bodenkontakt, die Knie locker, nicht ganz durchgestreckt. Verteilen Sie Ihr Gewicht möglichst gleichmäßig auf beide Füße.

- Oberkörper: Die Hände liegen locker ineinander (Achtung: mindestens eine Handfläche nach oben) vor der Körpermitte etwas unterhalb des Nabels. Dadurch ist auch der Schultergürtel gerade, und die Hände stehen für die Gestik zur Verfügung! Atmen Sie bewusst in Richtung Körpermitte aus. Das senkt Puls, Blutdruck und Anspannung.

- Kopf: Der Kopf wird gerade gehalten (siehe Seite 19) – durch Lächeln und aktiven Blickkontakt stellen Sie eine positive Verbindung zum Gesprächspartner her.

Tipp: Die gleiche Position funktioniert auch im Sitzen! Beide Füße halten Bodenkontakt, mit den Sitzbeinhöckern spüren Sie die Sitzfläche, Sie sitzen aufrecht, ohne mit dem Rücken die Lehne zu berühren, und die Hände sind sichtbar – z.B. offen auf dem Tisch oder im Schoß.

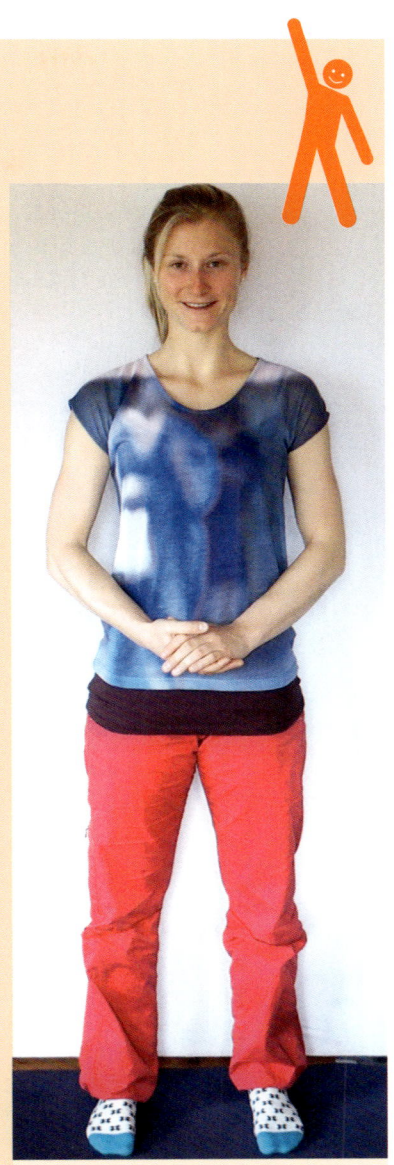

Mit der „Grundhaltung" neutral bis positiv präsent (je nach Gesichtsausdruck)!

ERWEITERUNGSÜBUNG:

Engelsflügel

Diese Übung stammt von Barbara Maria Bernhard und ist dem Bereich „Eutonie" (siehe Definitionsbox) entlehnt. Sie geht hinsichtlich der präsenten Erfüllung des Raumes noch einen Schritt weiter. Hierbei stellen Sie sich vor, dass an Ihrem Rücken zwischen den Schulterblättern richtige Engelsflügel gewachsen sind. Diese sind etwas breiter als Ihre Schultern, lang, haben Gewicht (ohne Sie nach hinten zu ziehen) und geben Ihnen Rückendeckung. Sofort wird Ihre Haltung aufrechter, Ihr Gang bewusster und Ihr Sprechtempo verlangsamt sich.

Hier finden Sie zusätzlich eine Videoanleitung zur Übung von Rednerin Isabel Garcia: https://www.youtube.com/watch?v = HFjeDSJvYyE

Eutonie *(gr.) „Eu" = Bestimmungswort für „gut", „wohl", „tonos" = „Druck"* – gute, ausgewogene oder harmonische Spannung – ist eine von Gerda Alexander entwickelte körperorientierte Methode, die das Bewusstsein für den eigenen Körper steigern soll und sich als pädagogisches Konzept versteht.

Die Eutonie verfolgt nach Selbstdarstellung primär das Ziel, den Menschen über einen Lernprozess für einen *achtsamen Umgang mit dem eigenen Körper zu sensibilisieren*. Diese Sensibilisierung für den eigenen Körper soll dann die Möglichkeit für einen verantwortlichen Umgang mit zwischenmenschlichen Beziehungen und mit der Umwelt eröffnen.

https://de.wikipedia.org/wiki/Eutonie

Haltung

Dieser Begriff bezeichnet nicht etwa eine bestimmte Körperposition, sondern bedeutet vielmehr „Attitude", also Einstellung zu einer Situation und damit kombiniert Ausstrahlung – eine Übereinstimmung von innerer und äußerer Haltung.

Hier stellt sich immer die Frage nach der berühmten Authentizität. Für mich ist Authentizität die überzeugende, glaubhafte Verbindung einer Lebensrolle mit der individuellen Persönlichkeit. Wir alle sind fähig zu jeder nur möglichen Emotion. In unseren verschiedenen Rollenbildern drücken wir immer unsere Gefühle und Einstellung zu jemandem oder etwas aus. Eine positive, wertschätzende und selbstbewusste Haltung gegenüber Gefühlen und Situationen wirkt anziehend und überzeugend.

ÜBUNG:

Ich bin und ich werde ...

Auch hinsichtlich der Haltung als Einstellung zu Rolle und Situation gilt: Alles ist Emotion! Der Körper folgt Gefühlen und Gedanken.

Geben Sie sich selbst laut und deutlich möglichst konkrete, kurze Antworten auf folgende Fragen:

- Wer bin ich? Welche Person/Rolle will ich im Moment verkörpern?

- Was will ich? Welches Gefühl möchte ich nach außen vermitteln?

- Was werde ich machen? Welche inneren Kraftsätze motivieren mich, offen und positiv auf eine Situation zuzugehen, und wie gestalte ich diese?

Achtung: Bleiben Sie persönl-ICH – Sie sind nicht „man" oder „jemand" – und vermeiden Sie Konjunktive, sprachliche „Weichmacher" wie „ziemlich, möglicherweise, ungefähr" und negative Formulierungen, wenn Sie sich selbst motivieren wollen! Streichen Sie für den Moment bei der Schärfung Ihres Präsenzprofils Wörter wie „würde, könnte, hätte, sollte, eigentlich, eventuell, bemühen, aber" usw., die Ihre Klarheit reduzieren. Dazu gehört vor allem das kleine Wörtchen „nicht", das für das Unterbewusstsein unübersetzbar ist und sofort unsere Aufmerksamkeit auf das richtet, was wir eigentlich vermeiden wollen. Und jetzt versuchen Sie bitte kurz mal NICHT an ein rosa Schaf zu denken. ☺

Auf „Sendung" gehen ...

Während meines Studiums der Musiktheaterregie war Bühnenpräsenz immer ein sehr wesentliches Thema. Wer hat Ausstrahlung und berührt das Publikum? Was kommt an und bleibt unvergesslich?

Verheißungs-
volle Blicke
wecken immer
Interesse. ☺

Mein Regieprofessor war davon überzeugt, dass die Präsenz eines Menschen besonders an seinen Augen erkennbar ist. Auf der einen Seite gibt es einen „in sich gekehrten" Blick, wo die betreffende Person im wahrsten Sinne des Wortes „Innenschau" hält, also vielleicht nachdenkt, in Erinnerungen schwelgt, sich selbst während einer Handlung oder eines Gedankens beobachtet, bewertet, kontrolliert etc.

Der „sendende" Blick hingegen transportiert bewusst Botschaften und Gefühle. Er ist wach, nach außen gerichtet und wendet sich jemandem oder etwas mit voller Energie zu.

Wollen Sie Ihr Publikum oder Ihren Gesprächspartner erreichen, sei es bei einer Präsentation, im Bewerbungsgespräch oder beim fröhlichen Zusammensein mit Freunden? Dann versuchen Sie mit Ihren Augen „auf Sendung" zu gehen. Ich versichere Ihnen, ein funkelnder, strahlender, intensiver oder offener Blick breitet sich wie eine Welle durch Ihren ganzen Körper aus und sagt tatsächlich mehr als tausend Worte! ☺

ÜBUNG:

„Blickoffensive"

Erproben Sie Ihren intensiven, präsenten Blick und versuchen Sie beispielsweise in einem Raum mit mehreren Anwesenden jemanden, der mit dem Rücken zu Ihnen steht, durch einen intensiven Blick dazu zu bringen, dass er/sie sich umdreht.

Schicken Sie dazu gedanklich mit Ihren Augen kleine helle Energiebälle durch den Raum auf Ihr Ziel – Sie werden sehen – bald schon spürt er/sie „Ihren Blick auf sich" und reagiert. Oder Sie „werfen" bewusst in einem Lokal „ein wachsames Auge" auf den Kellner und versuchen ihn nur mit einem Blick dazu zu bringen, auf Sie aufmerksam zu werden.

Achtung: Keine Präsenz ohne den Einsatz von Energie! Wer also denkt, es geht ganz ohne (Körper-)Spannung, irrt!

Das sehen Sie auch auf diesem Foto bei einer meiner früheren Ballettaufführungen. Die Hintergrundgeschichte dazu: Die beiden anderen Mädchen hatten sich vor dem Auftritt gegenseitig hinter der Bühne jeweils zu ihrem wunderschönen Blumenkopfschmuck beglückwünscht. Ich wurde mit den Worten „Deine Blume ist ja richtig hässlich, Gott sei dank müssen wir die nicht tragen" abgefertigt. Meine Motivation und Begeisterung, mich in meinem Kostüm zu präsentieren, sehen Sie auf diesem Bild (ich ganz rechts). ☺

Mit Wohlgefühl im Fokus: statt Reh im Scheinwerferlicht ein Star im Rampenlicht

Sie bekommen einen Schweißausbruch, wenn Sie daran denken, öffentlich sprechen zu müssen? Sie verlieren den Faden, wenn Ihnen jemand tief in die Augen schaut? Sie vergessen in Prüfungssituationen alles, was Sie gelernt haben? Gerade wenn es darauf ankommt, spielt unser Körper manchmal nahezu verrückt. Er will nichts anderes als zurück in die sogenannte „Komfortzone", wo alles sicher und überschaubar ist, wo keine Gefahr besteht. Um Erfolge zu erzielen, ist es aber manchmal notwendig, sich Neuem, Unbekanntem und auch Unangenehmem zu stellen, um so einen Schritt weiterzukommen. Es gilt also, Angst und Lampenfieber zu überwinden. Das betrifft die Bühnenneulinge genauso wie die Profis!

Die guten Nachrichten sind: Erstens ist diese Angst vorübergehend, baut sich meistens mit jedem Erfolgserlebnis etwas ab und wird zu Erfahrung und Routine. Zweitens ist die Nervosität vor dem „Auftritt" eine Form von Energie, die sie wach und präsent erscheinen lassen kann.

> **Achtung**: Nervosität und Lampenfieber können auch sehr hilfreich sein, da sie (Körper-) Spannung und damit Präsenz erhöhen. Aus meiner Bühnenerfahrung kann ich sagen, dass zu große Entspannung beim Publikum oft gar nicht gut ankommt. Wirken Sie „unterspannt" (engl. „undertensed"), kann der Eindruck entstehen, dass Ihnen Situation und Zuhörer nicht wichtig genug sind, um mehr Energie zu investieren.

Nachfolgend präsentiere ich Ihnen eine zusammenfassende Liste von zehn leicht anwendbaren, erprobten Tipps gegen Nervosität und Lampenfieber aus meiner persönlichen „Werkzeugkiste". Sie dienen mir selbst immer wieder als wertvolle „Beruhigungsmittel", wenn ich mich neuen, unbekannten Herausforderungen stelle oder vor einer Situation „überspannt" (engl. „overtensed") bin.

Versuchen Sie einfach einige und wenden Sie diejenigen an, die am besten zu Ihnen passen. Viel Spaß dabei. ☺

Meine Top 10 gegen Lampenfieber

■ **Dehnen, strecken, schütteln**

Ausführung: Ziehen Sie bei aufrechter Körperhaltung Ihr Kinn zur Brust und dehnen Sie so den Schulter- und Nackenbereich. Strecken Sie sich mit allen Gliedmaßen so weit wie möglich in alle Richtungen des Raumes. Schütteln Sie die Nervosität aus Ihren Armen, Beinen und Ihrem Gesicht (dabei Mund, Zunge und Wangen locker lassen). Das mag etwas seltsam aussehen, aber es funktioniert. ☺

Wirkung: bewusster Spannungsabbau einzelner Körperpartien, verbesserte Haltung, Spaß.

Bühnenvariante: Sie können sich auch vorstellen, einen kleinen Stein zu verschlucken und diesen dann durch den ganzen Körper zu schütteln. Der Stein wandert dabei in alle Gliedmaßen, Winkel und Ecken, rutscht, bleibt manchmal stecken etc., bis er am Ende am rechten Fuß wieder herausgeschüttelt wird.

■ **Grundhaltung/Power-Posen**

Ausführung: Grundhaltung, siehe Übung „Haltung"/Präsenz, Superheldenpose oder andere „Hochstatus-Posen" (siehe Seite 135 ff) einnehmen, je ein bis zwei Minuten halten, innere Haltung aufbauen und erfühlen.

Wirkung: Selbstsicherheit, Präsenz, positive Gedanken.

■ **(Aus-)Atmen**

Ausführung: Atmen Sie durch die Nase ein. Achtung: Bewusst in den Bauch atmen (zuerst hebt sich die Bauchdecke, dann erst über die Flanken der Brustkorb) und durch den Mund ungefähr drei Mal so lang wieder ausatmen. Wiederholen Sie diese Tiefenatmung, bis Sie sich ruhiger fühlen und wieder einen klaren Gedanken fassen können.

Wirkung: beruhigt bei starker Nervosität oder Blackout, senkt die Stimme und den Herzschlag.

■ **Akupressurpunkte**

Ausführung: Auch das sanfte Massieren von Akupressurpunkten baut Spannung, Schmerz und Nervosität ab. Unauffällig zwischendurch lassen sich zum Beispiel „Dickdarm 4" an der Handfläche zwischen Daumen und Zeigefinger (siehe Seite 116) oder die Fingerspitzen von Zeige- und Mittelfinger (Akupressurpunkte gegen Angst und Nervosität) drücken und kneten.

Wirkung: Abbau von Spannungen, Selbstberuhigung.

> **Tipp**: Hiermit ersparen Sie sich übrigens auch den berühmten „Beruhigungs-stift" in der Hand, an dem sich manche mitunter gerne festhalten und der später oft lästig wird. Die Hände sind miteinander beschäftigt und nach Abbau der Aufregung frei für die Gestik. ☺

■ **Summen & Wiegen**

Ausführung: Summen Sie in einer Ihnen angenehmen eher tieferen Tonlage einige Minuten vor sich hin. Egal, ob Sie musikalisch sind oder nicht, entscheidend ist die angenehme Vibration in Hals und Brustkorb. Dazu können Sie auch den Oberkörper rhythmisch wiegen. Sie wissen ja, Mütter summen für ihre weinenden Kinder und wiegen sie dabei. Sie beruhigen damit nicht nur die Kinder, sondern vermutlich auch sich selbst. ☺

Wirkung: senkt Blutdruck und Herzschlag, reguliert die Atmung, bringt die Stimme in Ihre persönliche, angenehme Tonlage, beruhigt und macht gute Laune.

■ **Positive Kraftsätze**

Ausführung: „Wie du in dein Inneres hineinrufst, so drückt sich dein Körper aus!"
Dieses abgewandelte Zitat soll ein Hinweis darauf sein, dass Sie mitbestimmen,
wie andere auf Sie reagieren und was Ihnen im Leben widerfährt. Beeinflussen Sie
sich und Ihre innere Haltung mit einfachen, klaren und positiven Kraftsätzen, die
Ihnen Mut und Zuversicht geben, um die Situation zu meistern! (Siehe auch die
Übung „Ich bin und ich werde ..." auf Seite 127)

Wirkung: Steigerung der Präsenz, mehr Selbstvertrauen.

■ **Nervosität/Fettnäpfchen/Fehler direkt ansprechen**

Ausführung: Nervosität lässt sich oft nicht wegzaubern. Manchmal passiert auch
genau in heiklen Momenten ein kleines Missgeschick, das offensichtlich ist. Dann
ist es in etwa so, wie mit dem berühmten „rosa Elefanten" in der Ecke; so zu tun, als
wäre er nicht da, bewirkt noch mehr Aufmerksamkeit in seine Richtung. Direktes
Ansprechen kostet weniger Kraft und Energie als das Vertuschen von Nervosität
und kleinen „Fehlern". Reaktionen wie „Im Moment bin ich etwas aufgeregt" oder
„Hoppala, das klappt wohl nicht so ganz" lassen Sie menschlich und damit sympathisch wirken. Und Sie können sich anschließend gleich wieder Ihrem eigentlichen
Thema zuwenden.

Wirkung: energieeffizient, Sympathie vom Publikum, konkretes Abbauen von Aufregung.

■ **Sympathisanten suchen**

Ausführung: Meistens konzentrieren wir uns in herausfordernden Situationen auf
jene Personen, die uns Skepsis entgegenbringen, und wollen Zweifler überzeu-

Ein freundliches, sympathisches, interessiertes
Gesicht im Publikum lässt schnell Ihr Selbstvertrauen steigen.

gen. Das kann aber besonders zu Beginn
einer Präsentation oder eines schwierigen
Gespräches schwierig sein und mitunter zu
noch mehr Anspannung und Verwirrung
führen. Um Nervosität abzubauen, ist es
sinnvoller, sich zuerst den Menschen zuzu-
wenden, die durch ein Lächeln, Blickkontakt oder ihre zugewandte Körperhaltung
signalisieren, dass Sie uns positiv gestimmt
sind. Die freundliche Energie dieser Sympathisanten hilft Ihnen dabei, sich sicherer zu
fühlen. Die Kritiker können Sie sich immer
noch später vornehmen.

Wirkung: positive körperliche Reaktion und Entspannung auf Lächeln, Blickkontakt und offene Körperhaltung, Steigerung der Selbstsicherheit.

> **Tipp**: Wenn Sie auf Anhieb keine Sympathisanten im Publikum finden, stellen Sie sich einfach jemanden vor, der Ihnen wohlgesonnen ist, und sprechen Sie für den Anfang mit dieser (imaginären) Person. Ihr freundliches Auftreten wird schon bald andere wohlmeinende Gesichter auf den Plan rufen. Ja, auch das funktioniert. ☺

■ **Drei-Finger-Ankermethode**

Ausführung: Kennen Sie das: Sie wollen sich drei Dinge unbedingt vermitteln oder merken, aber nur zwei fallen Ihnen im entscheidenden Moment ein? Oder Sie verlieren den Faden und wissen nicht mehr, wo Sie ansetzen sollen? Hierbei hilft sehr gut die Drei-Finger-Ankermethode. Um nach einem Blackout wieder zurück zu den wichtigsten Fakten, Argumenten oder Begriffen zu finden, legen Sie an je eine Fingerspitze ein Stichwort mit einem dazugehörigen (persönlich passenden) Bild im Kopf oder ein Beispiel zur Erklärung, z.B. elf Monate (Fußballmannschaft), umweltschonend (Farbe Grün), Fokus (Lupe). Der Fantasie sind keine Grenzen gesetzt!

Wirkung: den roten Faden wiederfinden, lebhafte Körpersprache in der Präsentation, sichere Struktur.

Ein Stichwort an der Fingerspitze abgelegt, wird auch dort stets wiedergefunden. ☺

■ **Persönliche Rituale**

Ausführung: Haben Sie schon einmal Fußballer vor dem entscheidenden Elfmeter oder Tennisspieler vor dem Matchpoint beobachtet? Viele Sportler oder Bühnendarsteller haben Rituale, die Ihnen dabei helfen, Angst und Nervosität abzubauen und sich auf die kommende Situation vorzubereiten. Ob ein Talisman in der Tasche, ein Blick zum Himmel, ein Reiben der Hände oder ein Rollen der Schultern, alles, was Ihnen hilft, sich zu beruhigen und aus der Nervosität in die Kraft zu kommen, ist gut und richtig! Finden Sie Ihr persönliches Ritual und damit Ihre individuelle Kraftquelle.

Wirkung: Fokus, Selbstzentrierung, positiver, kraftvoller Gefühlsanker.

> **Zusatztipp**: Üben, üben, üben!! Vergessen Sie nicht, es ist noch kein Meister vom Himmel gefallen! Kein Bühnenprofi betritt ohne Proben und Training die Bretter, die die Welt bedeuten. Je öfter Sie eine Situation im Vorfeld üben, desto besser – und zwar laut und mit vollem Körpereinsatz! Ob vor dem Spiegel, mit einem Partner oder vor einem kleinen Testpublikum, gute Vorbereitung macht sicher und verhindert unliebsame Überraschungen.

Viel Spaß beim Verlassen der Komfortzone und entspannten Kurieren Ihres Lampenfiebers. ☺

Mehr dazu finden Sie auch im Buch *KommUNIKATion, Persönlichkeit wirkt einzigartig* (Sigrid Tschiedl, Roman Szeliga, Verlagshaus der Ärzte, 2011).

Von der Täuschung zur Wahrhaftigkeit – Fake it until you make it!

Viele meiner SeminarteilnehmerInnen fragen mich, ob wenige kleine gedankliche Veränderungen oder Körperübungen wirklich nachhaltig etwas bewirken können. Kann man Selbstbewusstsein überhaupt lernen? Und wenn ja, wie?

Ich behaupte: „JA, man kann", und zwar durch Bewegung und Wiederholung! Je beweglicher Gedanken und Körper sind, desto besser ist die Zusammenarbeit des unschlagbaren Teams „Kopf & Körper". Jede Veränderung der Perspektive oder Haltung, egal, ob von Kopf oder Körper ausgehend, eröffnet Ihnen neue Möglichkeiten und Chancen. Und wenn Sie einen Gedanken oder einen Bewegungszugang gefunden haben, der Sie weiterbringt, dann setzen Sie diesen ein, bis er für Sie zur unterstützenden Routine wird. ☺

Zu diesem Thema hat die beeindruckende amerikanische Forscherin Amy Cuddy Studien erstellt, die nicht nur beweisen, dass unsere Körperhaltung Einfluss auf unsere Gedanken hat, sie bewirkt auch eine Veränderung des Hormonhaushaltes und des effektiven Verhaltens.

Im Schauspiel gibt es den bekannten Leitspruch „fake it, until you make it" – übersetzt bedeutet das: „Täusche es vor, bis du es schaffst". Mit anderen Worten, tu so als ob, bis du es dir selbst glaubst. Und wenn du es dir selbst glaubst, dann werden andere es ebenfalls glauben. Amy Cuddy geht einen Schritt weiter und meint: „Fake it, until you become it" („Täusche es vor, bis du dazu wirst"). Sie meint damit, aus einer Vorstellung Realität werden zu lassen. Sie selbst hat das anhand der Überwindung einer großen Hürde geschafft. Ich habe durch die Arbeit mit, gegen und für meinen Körper ähnliche Erfahrungen gemacht. Sich seinen Ängsten zu stellen, beginnt im wahrsten Sinne des Wortes mit dem Einnehmen bestimmter „Haltungen". Ihr Körper kann Ihnen also dabei helfen, der zu werden, der Sie sein wollen.

Power-Posen

In der nonverbalen Kommunikation sprechen wir von „High-" und „Low-Power-Posen" (Hoch- und Tiefstatus). Also solche, die Kraft, Dominanz und Selbstvertrauen ausstrahlen – im Gegensatz zu denen, die Zurückhaltung, Bescheidenheit oder Vertrauen vermitteln. Diese Haltungen gehören in den Bereich „Status" (siehe Status-Spiele) und definieren, wie wir uns selbst hierarchisch in einer Situation einordnen.

Um Aufgaben mit mehr Selbstbewusstsein und größerem Erfolg zu bewältigen, hilft bereits das Einnehmen kraftvoller Körperhaltungen.

Untersuchungen der drei Wissenschaftler Carney, Cuddy und Yap an der Universität von Missouri zeigen, dass Menschen, die vor einer stressigen oder zu bewertenden Situation eine machtvolle Position einnehmen (High-Power),

- risikobereiter sind,
- einen steigenden Testosteron- und einen sinkenden Cortisol-Spiegel (Cortisol = Stresshormon) besitzen und
- positiver als Leute eingeschätzt werden, die keine „machtvolle", also eine „Low-Power"-Position einnehmen.

Dabei ist es nicht wichtig, exakt in einer „High-Power-Pose" zu verharren. Vielmehr ist es wichtig, eine offene, selbstbewusste Haltung einzunehmen.

Wie Amy Cuddy auf diesen Effekt gestoßen ist, können Sie auch in Ihrem beeindruckenden TED-Video-Vortrag erfahren: www.ted.com/talks/amy_cuddy_your_body_language_shapes_who_you_are#t-21357

ÜBUNG:

Die Superheld(Inn)enpose

Sicher kennen Sie den einen oder anderen Superhelden oder auch eine Superheldin. Ob Superman, Spiderman, Wonder Woman, Batman oder -girl, sie alle haben eines gemeinsam: ihre Körperhaltung. Verstärkt durch das Kostüm und die Eigenschaften, die wir diesen Rollen zuschreiben, entsteht das Bild einer selbstbewussten, starken, mutigen Person.

Dieses Bild können Sie sich aktiv zunutze machen.

Nehmen Sie ein bis zwei Minuten bewusst diese Superheld(Inn)enpose ein:

Kopf hoch, Schultern zurück, Brust heraus, Hände in die Hüften gestützt, Beine breit, Fußspitzen nach außen. Sie können sich zusätzlich auch noch ein wehendes Cape vorstellen.

Schon sind Sie bereit für Ihren „Super-Einsatz". ☺

Anmerkung:

Natürlich können Sie nicht täglich wie ein Superheld durch die Galaxis schweben. Auch „Low-Power"-Posen haben sehr oft ihre Vorteile! In ihnen wirken Sie weniger dominant, vertrauenswürdig und geben anderen Raum zur Entfaltung (siehe Status).

Richtig, falsch und alles ganz authentisch

Zwei skeptischen Befürchtungen begegne ich auch nach jahrelanger Seminartätigkeit auf den Gebieten der Kommunikation, Präsentation, Körpersprache und Bühneninszenierung immer wieder. Zum einen der Vorstellung von SeminarteilnehmerInnen, dass es ein *richtiges* und ein *falsches* Verhalten gibt, wenn es um Kommunikation geht.

Worum es aber wirklich geht, sind das *individuelle Ziel* und *der spezielle Zweck* innerhalb einer bestimmten Gesprächs- oder Präsentationssituation. Manches Verhalten ist dabei hinderlich, manches förderlich. Es liegt an Ihnen, die Wahl zu treffen und zu gestalten!

Erst wenn Sie wissen, worum es geht und was Sie wollen, können Sie Regeln anwenden und mögliche Hemmungen überwinden, um Ihr Ziel zu erreichen.

Wenn Sie allerdings Ihre Handlungsmöglichkeiten auf „richtig" oder „falsch" reduzieren, entgehen Ihnen unendlich viele Optionen – von „außergewöhnlich" bis „persönlich". ☺

Ebenso viel Skepsis begegnet mir, wenn es im Zuge des Kennenlernens neuer Perspektiven und Verhaltensmöglichkeiten um einen möglichen Verlust der viel zitierten *Authentizität* geht. Verschwindet meine Persönlichkeit durch das Erlernen von neuen Ausdrucksmöglichkeiten? Bin ich dann überhaupt noch ich?

Authentizität bedeutet „Echtheit" im Sinne von „als Original befunden" (siehe dazu https://de.wikipedia.org/wiki/Authentizit%C3%A4t). Dieser Zustand wird erst durch Ihre Individualität überhaupt möglich. Ich kann Ihnen also versichern, dass durch Weiterentwicklung weder Ihre Persönlichkeit noch Ihre Echtheit verschwinden. Im Gegenteil, die beiden ergänzen sich und bilden gemeinsam Ihre einzigartige Wirkung!

Kombiniert mit Präsenz macht Sie Authentizität unverwechselbar und unvergesslich! ☺

„War ich das etwa?" Nicht richtig, nicht falsch – authentisch und wirkungsvoll ☺

Authentizität =

Persönlichkeit +
unverfälschter,
unmittelbarer,
emotionaler Ausdruck

Haltung macht berühmt!

Viele weltbekannte Persönlichkeiten und deren Rollen sind durch einige wenige Merkmale ihrer Haltung oder ihrer Mimik unverwechselbar und unvergesslich geworden.

Welche Geste verbinden Sie zum Beispiel mit Napoleon? Seine rechte Hand am Bauch soll auf eine lebenslange Gastritis und damit verbundene Schmerzen zurückzuführen sein. Als kleiner Mann achtete er stets auf eine gerade Haltung, um seine volle Größe zu zeigen. Diese Merkmale haben ihn in jedem Fall optisch unverwechselbar gemacht.

ÜBUNG:

Nennen Sie ein bis drei typische optische Merkmale (Mimik, Gestik, Körperhaltung, Gang) folgender berühmter Personen:

Angela Merkel			
Marilyn Monroe			
Michael Jackson			
Charlie Chaplin			
Mr. Spock			
Winnetou			
Marlene Dietrich			
Adolf Hitler			
Columbo			
Sissi			
Elvis Presley			
Die Queen			
Eva (Evita) Perón			
Mick Jagger			

Körpersprache wirkt also als Marken-Zeichen, das dafür sorgt, dass Sie auffallen und in Erinnerung bleiben! Charlie Chaplin hat übrigens einmal inkognito an einem Wettbewerb für Charlie-Chaplin-Doubles teilgenommen und wurde selbst lediglich Vierter!

ÜBUNG/SELBSTREFLEXION:

A Star ist born! Wie würde ein Schauspieler Sie imitieren?

Welche Ihrer Gesten, Gesichtsausdrücke, Stimmeigenschaften oder Bewegungen würde jemand etwas übertreiben, um Sie eindeutig darzustellen? Wie ahmen Sie selbst Menschen nach, um anderen klarzumachen, von wem die Rede ist?

Versuchen Sie bitte folgende Menschen nachzumachen:

- Mutter
- Chef
- Lieblingsprominente/r
- Partner

Keine Sorge, Sie müssen keine oscarreifen Darstellungen abliefern, um im Gedächtnis zu bleiben. Es kann aber nicht schaden, sich in der einen oder anderen Rolle zu „erproben", um in verschiedenen Situationen klare Botschaften senden zu können und ein breiteres Ausdrucksspektrum parat zu haben. Außerdem macht es Spaß und ist sehr unterhaltsam. ☺

Körpersprache … nicht immer sinnvoll, manchmal einfach „nur" lustig.

140

Der „Pistolenheldengang"

Vor kurzem habe ich ein interessantes und aktuelles Beispiel für prägnante Körpersprache einer
Person des öffentlichen Lebens entdeckt. *Die
Presse* brachte im Dezember 2015 einen Bericht
über den russischen Präsidenten Wladimir Putin.
Beobachtet man ihn bei öffentlichen Auftritten,
so fallen sowohl sein betont dynamischer Gang
als auch seine bewusst aufrechte Haltung auf.
Wer noch genauer hinsieht, erkennt, dass er
beim Gehen den linken Arm locker schwingt,
während der rechte eher eng und unbeweglich
an den Körper gepresst bleibt. Nach anfänglichen
Spekulationen über eine beginnende Parkinsoner-
krankung fanden Neurologen den wahren Grund
für dieses Körperbewegungsmuster in einem al-
ten KGB-Handbuch. Darin ist zu lesen, dass es
beim Bewegen absolut notwendig ist, die Waffe
an der Brust oder in der rechten Hand zu halten.
Putin wurde beim KGB ausgebildet und ist mi-
litärisches Training gewohnt. Die Neurologen
vermuten, dass in diesem Zusammenhang dieses Geh-Muster entstand, das „Pistolenheldengang"
genannt wird und auch aus Western bekannt ist.
Übrigens wird Putin von vielen seiner Minister und
Mitarbeiter imitiert. Nicht nur sein Gang wird von
ihnen nachgeahmt, sie tragen auch die Armbanduhr
rechts – wie ihr Chef. Hierbei handelt es sich um das
„Imitiere-den-Boss-Phänomen". ☺

Wladimir Putin mit Pistolenheldengang in Heiligendamm
(Deutschland) 2007 ... und
die vermutlich perfekte Kulisse
dazu.

(Siehe auch *Die Presse* vom 14.12.2015: Putin leidet an „Pistolenhelden-Gang".)

Welches (Status-)Spiel wird hier gespielt?

Bevor Sie jetzt denken, dass Sie zur Schauspielerin oder zum begnadeten Bühnendarsteller mutieren sollen, möchte ich Sie noch einmal beruhigen. Es geht nicht darum,

dass Sie eine Maske aufsetzen und so tun, als wären Sie jemand, der Sie gar nicht sind. Es geht schlicht und einfach um die Spielregeln, die uns verschiedene Situationen des Lebens vorgeben und ohne deren Kenntnis wir nicht entscheiden können, aktiv bewusst mitzuspielen oder eben diese Regeln zu brechen. Denn wer möchte schon ein „Bauernopfer" sein und immer nur eingeschränkt reagieren können, während andere das Spiel bestimmen? Entscheidend sind in jeder Situation, wo Körpersprache wirksam zum Einsatz kommt, zwei Faktoren: *Status & Ziel*. Oder anders formuliert: Was soll mit welchen Mitteln erreicht werden? Wer übernimmt die Führung in einem Gespräch und auf welche Art und Weise? Welche Regeln sind bei der Zusammenarbeit in einer Gruppe wirksam?

Um den eigenen Status auszudrücken, also in einer Situation seinen Platz in der Hierarchie bzw. Rangordnung zu finden oder zu erzeugen, gibt es zwei Varianten, die hier näher beleuchtet werden sollen. Beide können sehr mächtig und wirkungsvoll sein – es handelt sich um *Hochstatus* und *Tiefstatus*. Es ist das Spiel mit beiden Zuständen, das abwechslungsreiche Kommunikation ermöglicht.

Doch wozu ist Status überhaupt nötig? Mehr als uns vielleicht bewusst ist, wirkt er in der täglichen Kommunikation – und zwar immer! Man könnte frei nach Watzlawicks Regeln (siehe Seite 50) sogar sagen: „Man kann nicht **nicht** Status haben." Denn Rangordnungen bestimmen die sozialen Lebensumstände auf der ganzen Welt. Mehr noch ...

Status ist überlebenswichtig!

Stellen Sie sich eine gut besuchte Fußgängerzone ohne Statusverhalten vor. Zwei dreißigjährige Männer kommen aufeinander zu. Sie haben den gleichen Weg, aber in entgegengesetzter Richtung. Sie steuern genau aufeinander zu. Was würde ohne Statussignale passieren? Keiner von beiden würde ausweichen. Mit großer Wahrscheinlichkeit würden sie anfangen zu streiten, es käme vielleicht sogar zu Handgreiflichkeiten – was für eine Verschwendung von Energie, Zeit und Gesundheit. Glücklicherweise ist die Natur nicht so dumm. Sie hat für ein System gesorgt, in dem einer der beiden durch ein leichtes Ausweichen des Blickes oder ein

Kommt es zur „Konfrontation", bieten Statussignale „Ausweichmöglichkeiten".

kleines Zupfen am Mantel signalisiert, dass er dem anderen den Vortritt lassen wird, was er dann auch tut. Es kommt nicht zum Streit – keine Verletzungen sind zu befürchten. Beide Seiten – derjenige, der ausweicht, und der, der seinen Weg ungehindert fortsetzen kann – gehören zu den Gewinnern. Ein ganz normaler Tag in der Fußgängerzone, ganz ohne besondere Vorkommnisse – dank Status.

Fazit: Status ist immer und überall, sobald zwei Menschen sich begegnen.

Hinweis: Dieses und andere Beispiele sowie viele Erkenntnisse, Erfahrungen und Übungen zum Thema Status durfte ich im Zuge der Recherchen für dieses Buch mit einem beeindruckenden Kollegen und Experten für Wirkung und Inszenierung teilen – Gaston Florin. Er ist unter anderem Speaker, Trainer und Coach und selbst außergewöhnlich vielseitiger Bühnenkünstler.

Mehr über Gaston Florin und seine Arbeit erfahren Sie auf seiner Homepage
www.gaston-florin.de

Hochstatus – Tiefstatus ... und deren Signale

Zwischenmenschliche Begegnungen und Rangordnungen werden von körpersprachlichen Zeichen bestimmt. Der Körper ist ein unglaublich feinfühliges Instrument, wenn es um das Senden und Empfangen von Signalen geht, die Führung und Macht ausdrücken.

Fühlen wir uns in einer Situation sicher oder gar überlegen, nehmen wir automatisch eine dominantere Haltung ein. Möchten wir Konfrontationen oder Risiken vermeiden, wählen wir ein zurückhaltendes Auftreten.

Achtung: Die Begriffe Hoch- und Tiefstatus sollen per se keine Wertung darstellen! Je nach Situation und Gesprächszweck können beide zielführend und sehr mächtig sein.

Die folgenden unterschiedlichen Signale kommen bei Hoch- und Tiefstatus zum Einsatz:

Hochstatus	Tiefstatus
Körpersignale	
Ruhige Kopfhaltung	Kopfhaltung wackelnd oder häufig wechselnd
Augenkontakt halten	Augenkontakt unterbrechen (evtl. gelegentlich überprüfen, ob der/die andere noch schaut)
Raumgreifende, oft synchrone Gesten	Kleine, meist asynchrone Gesten
Zeit nehmen, Tempo reduzieren	Schnelles Sprechen und hastige Bewegungen
Ruhige Atmung, Pausen	Gehetzte Atmung, rasche Anschlüsse oder viele Ähms in der Mitte des Satzes
Andere berühren (z.B. Oberarm beim Händedruck, Schultern oder gar Kopf tätscheln)	Sich selbst berühren (z.B. Beruhigungsgesten)
Fußspitze oder Bein auswärts gedreht	Fußspitze oder Bein leicht einwärts gedreht
Tiefe Stimmlage	Hohe Stimmlage
Mögliche Zuschreibungen	
selbstbewusst	zurückhaltend
führend	vertrauensvoll
zielorientiert	unentschlossen
raumeinnehmend	raumgebend
überheblich	unterwürfig
nüchtern	gefühlsbetont

Wie bereits bei den „Power-Posen" erläutert, wirken alle diese Signale nach innen und außen. Man kann sich ihren Effekten nur äußerst schwer entziehen. Probieren Sie doch einmal folgende Statusübungen aus:

ÜBUNG:

Beim Bäcker

Wählen Sie einige der vorhin angeführten Signale für Hochstatus, die Sie zuerst für sich selbst am eigenen Leib erproben. Nun verrichten Sie in ebendieser Haltung eine kleine alltägliche Handlung – z.B. zum Bäcker gehen und einen Laib Brot kaufen. Achten Sie genau auf die Reaktionen Ihrer Umgebung und Gesprächspartner. Welche Wirkung erzielen Sie? Wie fühlen Sie sich in dieser Haltung?

Später suchen Sie sich ein paar Elemente des Tiefstatus aus und nehmen die dazu gehörige Körpersprache an. Nun wiederholen Sie den Broteinkauf im veränderten Status. Achten Sie genau auf Veränderungen von Atmosphäre und Effekten rund um Sie. Inwiefern fühlen Sie sich selbst anders? Wie reagieren andere in der Kommunikation auf Sie?

Den zeitlichen Abstand zwischen den Versuchen und ob Sie diese Übung in derselben Bäckerei zwei Mal absolvieren, können Sie natürlich völlig frei wählen. ☺

Wie möchten Sie Ihr Brot
heute kaufen – im Hoch- oder Tiefstatus?

ÜBUNG:

Haltung bitte! Der Krone-Erbse-Trick & Bücher balancieren

Bei dieser Übung geht es um Körperhaltung und Gang. Nehmen Sie bitte die Grundhaltung (siehe Seite 125) ein. Nun stellen Sie sich vor, Sie hätten eine Krone auf dem Kopf und eine Erbse im Hintern. Schon ist aufrechte Spannung hergestellt. ☺

Nun legen Sie sich ein etwas schwereres Buch auf den Kopf und versuchen damit durch den Raum zu gehen. Probieren Sie verschiedene Tempi aus oder sprechen Sie im Gehen dazu einen Testsatz. Wahrscheinlich fällt Ihnen sofort der Zusammenhang zwischen Haltung und Stimme auf. Vermutlich können Sie auch ein bestimmtes Tempo nicht überschreiten, ohne das Buch zu verlieren. Dabei zeigt sich ein interessantes Hochstatusmerkmal, das Sie weltweit unter Herrschenden oder Führungskräften beobachten können: „Wer Macht hat, rennt nicht." Oder anders gesagt: „Wer rennt, hat keine Macht!" ☺

(Siehe auch „das Arroganz-Prinzip" von Peter Modler. ...)

Hochstatus – Tiefstatus ... und die Missverständnisse dazwischen

Wie bei so vielen Themen in der Kommunikation, kommt es auch beim Status immer wieder zu Missdeutungen und Irrtümern. Einige davon sollen hier kritisch hinterfragt werden.

Missverständnis 1:
Der soziale und der körperliche Status sind gleich!

Diese Annahme würde bedeuten, dass der gesellschaftliche Stand einer Person ihren Status bestimmt. Ein König hätte also stets einen hohen, ein Bettler immer einen niedrigen Status.

Der steinalte Firmenbesitzer hat nie seinen Chefplatz geräumt und ist Alleinherrscher des Unternehmens. Nun beruft er eine Mitarbeiterversammlung ein. Er tritt gebeugt vor die Belegschaft. Seine Bewegungen sind fahrig, sein Blick unstet, sein Redefluss unterbrochen. Er sagt: Sie sind alle entlassen! Oder? – Ja! Die Firma wird geschlossen. Alle entlassen! Wer könnte etwas dagegen unternehmen, egal wie verwirrt der Chef wirkt?

Oder Sie sitzen am Bahnhof auf einer Bank. Eine junge Frau mit schwarz geschminkten Augen, Punkklamotten und schweren schwarzen Stiefeln kommt in bedrohlicher Haltung mit finsterem Blick auf Sie zu und sagt sehr bestimmt: Das ist mein Platz, weg da! Würden Sie einfach sitzen bleiben?

Fazit: Nur weil jemand eine bestimmte soziale/gesellschaftliche Stellung besitzt, heißt das nicht, dass er/sie diese immer verkörpert.

Filmtipp: Ein gutes Beispiel für einen König mit schwachem Status findet sich übrigens im Film *Herr der Ringe* von Peter Jackson. In Teil 3 (*Die Rückkehr des Königs*) bricht eine Schlacht um Minas Tirith aus, eine Stadt, die vom Truchsess (Oberaufseher) Denethor regiert wird. Dieser ist von der Nachricht des Todes seines älteren Sohnes Boromir so gebrochen und verwirrt, dass er seinen jüngeren Sohn Faramir in eine aussichtslose Schlacht um die bereits gefallene Stadt Osgiliath schickt und diesen, als er verletzt zurückgebracht wird, für tot erklärt. Der lebendige Sohn wird widerspruchslos von Denethors Männern zur Feuerbestattung aufgebahrt, obwohl klar ist, dass der Truchsess in seiner Verzweiflung den Verstand verloren hat.

Missverständnis 2:

Es gibt einen direkten Zusammenhang zwischen Status und Kompetenz bzw. Wissen!

Eine Lehrerin, die einen ausgezeichneten Uniabschluss und jede Menge Spezialwissen vorzuweisen hat, kann sich dennoch nicht in der Klasse durchsetzen. Ein Wissenschaftler mit erstaunlichen Forschungsergebnissen und fundierten Argumenten schafft es nicht, sein Publikum zu fesseln.

Sicher kennen Sie Personen, die unglaublich klug und fachlich versiert sind, aber ihr Wissen einfach nicht transportieren können. Es ist Ihnen nicht möglich, nach außen zu vermitteln, was sie an Erfahrung und Wissen besitzen. Andererseits gibt es natürlich genügend Blender und Aufschneider, die zwar ein selbstsicheres Auftreten haben, aber keinerlei Hintergrundwissen.

Fazit: Status kann also Kompetenz ergänzen, aber niemals ersetzen!

Missverständnis 3:

Hoher Status ist mächtig und erreicht Ziele – niedriger ist schwach und hilflos!

Eine Mutter möchte ihren Sohn im Teenageralter dazu bringen, sein Zimmer aufzuräumen. Mit fester Stimme, entschlossenem Blick, kräftiger Haltung, ja sogar Drohgebärden fordert sie den Sohn auf, das zu tun, was sie von ihm möchte. Und er? Er sieht gar nicht von seinem Computerspiel auf, bleibt einfach bequem sitzen, winkt ab und sagt: „Ja ja, später." Der Hochstatus der Mutter ist machtlos.

Einige Stunden später möchte der Sohn ausgehen. Er will sich von der Mutter verabschieden. Diese sitzt in sich zusammengesunken in der Küche, Selbstvorwürfe murmelnd. Sie schluckt schwer und sagt mit brüchiger Stimme: „Geh nur, ich komm schon irgendwie zurecht." Der Sohn dreht wortlos um und räumt in Windeseile sein Zimmer auf. Ein Sieg für den Niedrigstatus.

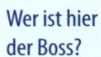

Wer ist hier der Boss?

Fazit: Status ist ein sehr mächtiges Kommunikationsinstrument – und zwar in jeder Form! ☺

Wechsel-Spiel

Wenn aber nun der hohe Status nicht immer mächtig oder hilfreich ist und der niedrige Status nicht immer machtlos, wenn weder soziale Rolle oder erworbene Kompetenzen automatisch Status verleihen, wie nutze ich mein Wissen um den Status dann für meinen Alltag in Beruf und Leben?

Die Antwort liegt – wie so oft – in der Abwechslung! Es geht um das variable Spiel mit verschiedenen Haltungen zwischen den Polen. Am Ende der Status-Skala lauern Tyrannei beim Hochstatus und Wirkungslosigkeit beim Tiefstatus. Beide rufen Widerstand hervor und verhindern wertschätzende Kommunikation auf Augenhöhe.

Zwischen diesen Extremformen gibt es eine unendliche Anzahl von Abstufungen und Nuancen; ungefähr so viele, wie es unterschiedliche Persönlichkeiten gibt.

Sicher kennen Sie das Klischeebild: Im Büro war er ein erbarmungsloser Chef, aber zuhause ein liebevoller Familienvater, der von seiner Tochter um den kleinen Finger gewickelt wurde. Tatsächlich verhalten wir uns eben nicht in jeder Umgebung gleich. Unsere Rollen und unser Status wechseln ständig, mitunter sogar während eines Gesprächs.

Ein Verkäufer wird mit allzu forschem Auftreten wenig verkaufen und das Vertrauen seines Kunden nicht gewinnen – allenfalls überrumpelt er ihn. Kann er aber im Gesprächsverlauf nicht überzeugend selbstbewusst und klar wirken, verliert er den Kunden vermutlich.

Doch welche Lehrer, Chefs, Familienmitglieder und Wegbegleiter haben uns nachhaltig positiv beeindruckt und geprägt und sind uns vielleicht sogar zu Vorbildern geworden?

Es sind jene, die ihren Status spielerisch der Situation anpassen. Die sowohl klar und bestimmt auftreten, wenn es notwendig erscheint, als auch Vertrauen erwecken oder über sich selbst lachen können, wenn ihnen ein Missgeschick passiert.

Diese Menschen werden „Status-Spieler" genannt.

Fazit: Mit dem Status situationsgerecht umgehen zu können, erhöht die Zielorientierung der Kommunikation und deren Effektivität.

Abwechslung und Veränderung machen lebendige Kommunikation aus. Es sind eben Gegensätze, Hindernisse und überraschende Wendungen, die das Leben und die Persönlichkeit besonders machen.

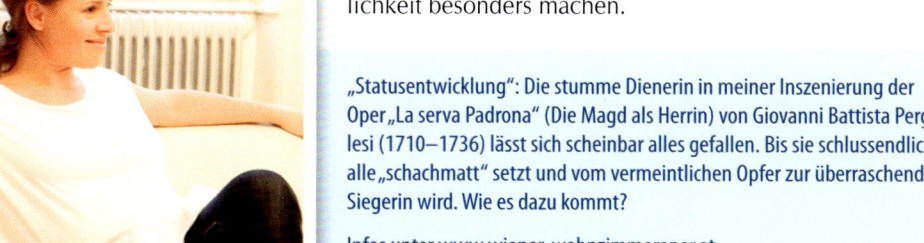

„Statusentwicklung": Die stumme Dienerin in meiner Inszenierung der Oper „La serva Padrona" (Die Magd als Herrin) von Giovanni Battista Pergolesi (1710–1736) lässt sich scheinbar alles gefallen. Bis sie schlussendlich alle „schachmatt" setzt und vom vermeintlichen Opfer zur überraschenden Siegerin wird. Wie es dazu kommt?

Infos unter www.wiener-wohnzimmeroper.at

In Theater und Film sind sie sogar essenziell! Sie bilden den notwendigen Spannungs-bogen, den Geschichten brauchen, um interessant und abwechslungsreich zu sein. Nur wenige Menschen würden sich einen Film ansehen, wo sich am Beginn zwei Menschen verlieben und dann zwei Stunden lang harmonisch am Strand spazieren gehen und sich gegenseitig ihrer Liebe versichern. Interessant wird die Geschichte erst durch einen Konflikt, der überwunden werden muss: Er ist verheiratet, sie hat eine schwere Krankheit, auf der Familie lastet ein Fluch, die Mutter des Mannes ist gegen die Beziehung, sie ist einem anderen versprochen etc., etc., etc. ... ☺

Rollen- und Haltungsfindung

Die Hauptrolle auf der Bühne Ihres Lebens spielen selbstverständlich immer SIE selbst – authentisch, persönlich, individuell! Und auch die Rolle, die Sie im Leben von anderen und in entscheiden-den Situationen spielen möchten, können Sie mitgestalten. Sie haben also die Chance, Ihr ganz eigenes „Lebenswerk" zu „in-szenieren". Ich spreche hier keinesfalls schon wieder von Theater und Büh-ne. Vielmehr ist es die Realität, die uns jede Menge Möglichkeiten der „Eigenregie" anbietet. Emotion und Inszenierung zeigen sich an jeder Ecke; ob eine Hochzeit (Liebe), eine Beerdigung (Abschied, Trauer), eine Schulabschlussfeier (Würdigung von Leistung), ein Weihnachtsfest (Fami-liensinn usw.) – überall und andau-ernd wird inszeniert. Schon ein schönes Abendessen für zwei ist eine Inszenierung. Die Gestaltung von Rollen und Situationen kann sehr viel Spaß machen, wenn man sich vor-her einige Fragen stellt, um herauszufinden, welches „Stück" gespielt wird und wie die „Besetzung" aussieht.

Bei einer liebevoll inszenierten Hochzeit bleibt kaum ein Auge trocken.

Wenn Sie auf der Suche nach der individuellen Gestaltung einer neuen Rolle sind, tun sich drei wesentliche Fragen und Bereiche auf:

■ „ES" (die Situation): Welche Voraussetzungen und Anforderungen bietet die Situation?

150

- „DU/SIE" (die anderen): Wer sind meine Kommunikationspartner, meine Mitspieler, mein Publikum? Was wird von ihm/ihr/ihnen gebraucht, gewünscht, erwartet?

- „ICH" (ich selbst): Wie möchte ich meine Rolle gestalten? Was möchte ich vermitteln? Mit welchen Mitteln kann mir das gelingen?

Auf die ersten beiden Punkte detailliert einzugehen, würde den Rahmen dieses Buches sprengen. Für Ihre situative Rollenfindung und nonverbale Kommunikation aber gibt es einige praktische Hinweise, um Sie optimal „in Szene zu setzen".

Vielleicht denken Sie, das Thema Inszenierung „betrifft" Sie nicht. Dennoch wählen Sie jeden Tag eine bestimmte Kleidung, um so Ihren Typ zu unterstreichen. Sie fahren eine bestimmte Automarke, tragen eine Uhr, Schmuck – oder auch nicht.

Mit all diesen optischen Signalen werden Sie von anderen wahrgenommen. Das bedeutet, Sie verwenden schon zwei wesentliche Gestaltungselemente aus dem Theater, nämlich *Kostüme* und *Requisiten*!

Kleidung und Klischees

Outfit wirkt immer!

Auch wenn es im Film und beim Theater manchmal überzeichnet wirkt und nicht überschätzt werden darf, die Wahl der Kleidung sagt dennoch immer etwas über ihren Träger aus. Farben, Stoffe, Schnitte, welche Schuhe jemand trägt, all das vermittelt selbstverständlich den Betrachtern Informationen, die diese dann ver- und bewerten – und das natürlich meist sehr oberflächlich. Ob praktisch, schlicht, auffällig, bequem oder trendy, seien Sie sich bewusst, dass die Kleidung als Element der „Makrotells" (siehe Seite 65) niemals ganz bedeutungslos ist.

Als Richtlinie für die Wahl des Kostüms Ihrer Rolle gilt: Kleidungswahl immer dem Anlass UND der Persönlichkeit entsprechend! Die dazu passende (Körper-)Haltung (engl. „Attitude") ergänzt Ihr Outfit perfekt. ☺

ÜBUNG/SELBSTREFLEXION:

In anderen Schuhen gehen

Ich lade Sie zu einem spannenden Experiment ein, das wirklich Perspektiven verändert. Tragen Sie für einen Tag zu Ihrem üblichen Outfit Schuhe, die Sie nur ganz selten, vielleicht zu besonderen Anlässen anziehen würden. Weisen Sie andere nicht auf diese Veränderung hin. Nun beobachten Sie, wie sich Ihre Körpersprache verändert, etwa bei Gang, Haltung, Stimmung, Gedanken, und welche Reaktionen auf Ihren „Auftritt" Ihnen von anderen begegnen.

Übrigens, im Theater werden Rollen oft körpersprachlich sprichwörtlich aus den Schuhen und den damit verbundenen Gängen entwickelt. ☺

Objekte und ihre Handhabung

Noch weniger als die Wirkung der Kleidung scheint uns in unserer Selbstdarstellung häufig der Einsatz von *Requisiten* bewusst zu sein. Dazu gehören alle Arten von Objekten und Accessoires, die wir täglich ganz selbstverständlich verwenden, wie z.B. Brillen, Handys, Handtaschen, Stifte, Autoschlüssel oder sogar Gehstöcke. Mit manchen gehen wir ganz unbewusst spielerisch um, andere wirken wie Fremdkörper an uns. Richtig eingesetzt, können Requisiten aber Handlungen, Absichten und Persönlichkeit sehr gut unterstreichen. So kann z.B. nur ein Brillenträger bedeutungsvoll seine Brille gerade rücken, bevor er seine Unterschrift unter einen Vertrag setzt.

ÜBUNG/ SELBSTREFLEXION:

Wertschätzende Übergabe

Mein Regieprofessor pflegte zu sagen: „Für Requisiten gilt: entweder bewusst benutzen oder weglassen!" Haben Sie schon einmal darauf geachtet, auf welche Art und Weise Sie jemandem

Mit der offenen Hand überreicht, vermitteln auch kleine Objekte große Wertschätzung.

etwas überreichen, beispielsweise eine Visitenkarte, Werbematerial, einen Autoschlüssel, USB-Stick oder ein kleines Geschenk?

Versuchen Sie einmal folgende Variante: Übergeben Sie das Objekt mit der Handfläche nach oben, sehen Sie es kurz an und anschließend dem Empfänger in die
Augen (vielleicht sogar lächelnd). So wird selbst die kleinste *Requisitenübergabe*
zu einer wertschätzenden Handlung oder einer bedeutungsvollen kleinen Geste!

Spielentscheidend ...

Vor einiger Zeit hatte ich die Ehre, junge, angehende Bundesligaschiedsrichter zum
Thema Körpersprache zu coachen. Es galt also, die angestrebte Rolle zu gestalten und
zu verkörpern. Für den Schiedsrichter auf dem Platz, seinen Erfolg, sein Durchset-

zungsvermögen und seinen Status sind letztendlich ausschließlich Körperhaltung, klare Gestik und entschlossenes Auftreten
entscheidend! Neutralität als Mimik-Grundstimmung, fester
Stand, eindeutiger, zügiger Einsatz der Requisiten (Pfeife, rote
und gelbe Karte) ohne Zögern sind dabei essenziell. Es stellte sich bald heraus: Wer seine Rolle überzeugend verkörpern
wollte, musste bei seinen Entscheidungen schnell festen, auf-
rechten Stand, Körperspannung und Präsenz demonstrieren.
Schon ein Schritt zurück, ein unsicherer oder fragender Blick,
eine zögerlich gezückte Karte bewirkte sofort heftige emotionale Streitversuche, Dominanz- und Drohgebärden von allen Seiten und entzogen dem Schiedsrichter den notwendigen Respekt
und die Überzeugungskraft. In dieser Rolle finden sich also alle
Aspekte der Körpersprache, inklusive Hochstatus, Kostüm und
Requisiten, vereint – und das alles nicht im Theater, sondern auf
der Bühne des Lebens.

*„Polnisch, deutsch, mit den Händen. Hauptsache, der Pass
kommt, und der Ball ist im Tor."*

Lukas Podolski (geb. 1985),
deutscher Fußball-Nationalspieler

Gestaltung & Möglichkeiten

Nachdem nun die Bedeutung körpersprachlicher Wirkung und optischer Signale längst geklärt sein sollte und Sie sich mit Ihrem Körper und seinen Ausdrucksmöglichkeiten hoffentlich bereits etwas angefreundet haben, möchte ich Ihnen nun noch einige Darstellungsvarianten vorstellen, die auch im Theaterbereich in den verschiedensten Genres Anwendung finden. Sie dienen dazu, Emotionen zu erzeugen – bei sich selbst und anderen – und damit zu bewegen! Mit ihnen können Sie Ihre nonverbale Kommunikation abwechslungsreich, interessant und flexibel gestalten. Wählen Sie, was zu Ihnen passt und erproben Sie die Wirkung.

Tempowechsel – mach's langsam, mach's schnell

Das Tempo, in dem jemand geht oder gestikuliert, stellt Bedeutung beim Betrachter her.

Etwas langsam und mit Bedacht zu tun, wird häufig als besonders gründlich, wichtig, überlegt, selbstsicher, konzentriert oder aber als antriebslos und desinteressiert, sogar provokant erlebt – je nach (Körper-)Spannung und Motivation.

Ein Wechsel in einer lebhaften Schilderung zwischen langsam und schnell, mit Pausen, kann also Fokus und Bedeutung verändern und macht Ihr Auftreten abwechslungsreich und interessant. Der einfachste Zugang dazu gelingt über Stimme und Atmung.

ÜBUNG:

Lesung

Lesen Sie bitte – am besten im Stehen oder Gehen inklusive Mimik und Gestik – das folgende Gedicht zuerst in beliebigem Tempo laut und bedeutungsvoll, wie für ein interessiertes Publikum, vor:

Der Panther

Im Jardin des Plantes, Paris

Sein Blick ist vom Vorübergehn der Stäbe
so müd geworden, dass er nichts mehr hält.
Ihm ist, als ob es tausend Stäbe gäbe
und hinter tausend Stäben keine Welt.

Der weiche Gang geschmeidig starker Schritte,
der sich im allerkleinsten Kreise dreht,
ist wie ein Tanz von Kraft um eine Mitte,
in der betäubt ein großer Wille steht.

Nur manchmal schiebt der Vorhang der Pupille
sich lautlos auf –. Dann geht ein Bild hinein,
geht durch der Glieder angespannte Stille –
und hört im Herzen auf zu sein.

Rainer Maria Rilke, 6.11.1902, Paris

Variante 1:

Sie haben für den Vortrag des Gedichtes nun genau 35 Sekunden Zeit (z.B. mit Handystoppuhr oder Timer gemessen). Versuchen Sie die vorgegebene Zeit möglichst genau einzuhalten.

■ Wie steht es mit Ihrem Zeitgefühl? Haben Sie überzogen oder bleibt am Ende noch Zeit übrig?

■ Was passiert mit Ihrer Mimik, Gestik und Körperhaltung, wie verändern sich Qualität, Geschwindigkeit und Bewegungsspielraum?

■ Wie viel/welche Bedeutung bringen Sie in der vorgegebenen Zeit unter?

Variante 2:

Nun versuchen Sie, das Gedicht in exakt der doppelten Zeit vorzutragen – also 1 Minute und 10 Sekunden.

- Wie leicht oder schwer fällt es Ihnen, sich mehr Zeit zu geben?
- Wie verändert sich Ihre Körpersprache?
- Inwiefern verändern sich die Interpretation, auftauchende Emotionen und Pausensetzung?

Variante 3:

Bauen Sie nun nach Belieben schnellere und langsamere Passagen sowie wirkungsvolle Pausen in das Gedicht ein. Stoppen Sie anschließend Ihre persönliche Zeit.

- Welche Stellen klingen nun besonders interessant, bildhaft oder bedeutsam?
- Wie betonen Tempo und Pausen Ihren körperlichen Ausdruck?

ÜBUNG:

Die Entdeckung der Langsamkeit

Versuchen Sie einmal einen scheinbar alltäglichen Bewegungsablauf mit einem banalen Objekt besonders langsam, fast wie in Zeitlupe, durchzuführen, indem Sie beispielsweise im Kaffeehaus die Tasse betont langsam hochheben, betrachten, daran riechen, sie zum Mund führen usw. und jede Bewegung dabei voll „auskosten". Aufmerksamkeit und Fokus sind Ihnen sicher, Sie werden sehen!

Wussten Sie, …

… dass im Theater Tempo ganz bewusst als Stilmittel eingesetzt wird?

Hektik und schnelle Bewegungen wirken oft komisch, manchmal unfreiwillig und werden als lustig, leicht empfunden. Sie sind häufig im Komödienbereich zu sehen.

Im Drama und bei Klassikern finden oft langsame und getragene Bewegungen statt. Sie vermitteln Bedeutsamkeit und mitunter Tragik.

... dass ein direkter Zusammenhang zwischen dem Tempo, in dem jemand beim Zuhören nickt, und dessen persönlichem inneren Rhythmus vermutet wird? Also: Du bist, wie du nickst! (Achtung: Ähnlich wie beim Händedruck handelt es sich hier um einen situationsabhängigen, persönlichen Eindruck vom Gegenüber!)

... dass Diebe in Einkaufszentren von Kaufhausdetektiven oft dadurch enttarnt werden, dass sie sich zu langsam bewegen oder mit nicht zusammenpassender Dynamik?

Durch die Befürchtung, mit hektischen schnellen Bewegungen aufzufallen, verhalten sich die Langfinger unnatürlich langsam, was allerdings nicht dem „normalen" Einkaufstempo von Kunden entspricht. Dadurch erregen sie unfreiwillig Aufmerksamkeit. Kommen dazu noch schnelle Blicke, wirkt das Auftreten gar nicht mehr zusammenpassend, sondern ziemlich verdächtig.

Dimensionsunterschiede – mach's groß, mach's klein!

Im Theater lautet die Regel: Je weiter das Publikum von dir entfernt ist und je größer der zu bespielende Raum, desto raumgreifender und größer müssen auch Gestik und Mimik sein. Anders gesagt: Auf der Freiluftbühne ist pathetischere Körpersprache gefragt als beim Film, wo in einer Nahaufnahme bereits ein kleines Zucken der linken Augenbraue sichtbar gemacht werden kann. Auch die Auffälligkeit von Kostümen, Frisuren oder Schminke wird in diesem Zusammenhang den Umständen genau angepasst.

Gestik, Mimik und Körpersprache können im Ausdruck also abwechselnd von stark reduziert bis sehr ausgedehnt angewandt werden.

Manchmal große, manchmal kleine Gesten – so entsteht Abwechslung im Ausdruck.

ÜBUNG:

Dirigieren und übertreiben

Nehmen Sie eine dynamische Grundposition zum Dirigieren ein: Füße hüftbreit, guter Bodenkontakt, Knie weich und federnd, leichte Schrittstellung. Nun legen Sie klassische Musik auf und dirigieren dazu mit großen, ausdrucksvollen (gerne übertriebenen) Gesten. Achten Sie darauf, dass der Aktionsradius Ihrer Arme nach Möglichkeit zwischen Schulterhöhe und Gürtellinie liegt und Ihre Ellbogen nicht absacken. Viel Spaß! ☺

Folgende Musikstücke eigenen sich für abwechslungsreiches Anwenden dieser Übung:

Ludwig van Beethovens 5. Symphonie, Peer Gynts „Morgenstimmung", Rimski Korsakows „Hummelflug" u.v.m.

ÜBUNG:

„Feinmotorik"

Was klein und fein ist, erregt oftmals intensivere Aufmerksamkeit und Fokus als große Gesten. Durch Konzentration des Blickes auf einen bestimmten Punkt oder mit kleinen pantomimischen Übungen lässt sich so das „Fingerspitzengefühl" ein wenig erproben.

Bitte versuchen Sie folgende Bilder und Tätigkeiten körpersprachlich möglichst minutiös und genau darzustellen:

- Einen feinen Faden durch ein kleines Nadelöhr einfädeln,
- sich ein Schuhband binden,
- mit spitzen Fingern kleine Käfer aus dem Salat picken,
- Flusen vom Wollpullover zupfen,
- ein Weinglas leicht schwenken und dabei durch das Glas beobachten, wie der Wein kreist.

Versuchen Sie selbst Möglichkeiten und Bewegungen zu finden, die klein und sehr spezifisch sind, um so nach Belieben Details zu betonen. ☺

Stimmungsbilder – mach's mit Gefühl!

Schauspieler bringen sich häufig in einen emotionalen Zustand, der körpersprachliche Reaktionen und Funktionen hervorruft. Das passiert häufig durch den Einsatz eines sogenannten „Subtextes".

Der Subtext ist die Stimmung oder Absicht, die unter einem gesprochenen Text oder einer dargestellten Handlung mitschwingt. Durch emotionale Abwechslung bleiben Sie im Gespräch und in der Präsentation für Ihre Kommunikationspartner interessant und transportieren gleichzeitig eine konkrete Absicht, mit der Sie sprechen und handeln. Das erleichtert Ihren Zusehern und Zuhörern die Interpretation und Einordnung dessen, was Sie vermitteln wollen.

ÜBUNG:

Wichtig, wichtig, wichtig!

Oft wollen wir mehrere Botschaften bedeutungsvoll vermitteln. Allerdings immer auf die gleiche Art und Weise. Das ist in etwa so, als würde in einem Drei-Gänge-Menü dreimal Schnitzel serviert. Spätestens beim dritten Gang ist die Begeisterung abgeflaut und der Gast übersättigt vom gleichen Geschmack.

Emotion sozusagen als *Geschmacksträger* von Körpersprache bietet Ihnen hier viele Möglichkeiten.

Lesen Sie bitte (möglichst im Stehen) den folgenden Absatz laut:

Auf dem Einkaufszettel für das heutige Nachtmahl stehen nur die drei wichtigsten Dinge:

1. Brot! Ohne dieses Grundnahrungsmittel ist keine anständige Mahlzeit denkbar!
2. Butter! Sie ist der Basisbelag und darf auf keinem Brot fehlen!
3. Bier! Mit diesem bodenständigen Getränk ist unser Abendessen komplett!

Nun geben Sie bitte jedem Satz/Punkt beim Aussprechen eine andere Bedeutung durch eine geänderte Grundstimmung. Punkt 1 Brot = bedeutsam, Punkt 2 Butter = interessant, Punkt 3 Bier = begeistert. Lesen Sie die Sätze wiederum laut mit den veränderten Bedeutungen.

Beobachten Sie, wie sich dabei Ihre Gestik, Mimik und Körpersprache automatisch Ihrer Grundstimmung und Stimme anpassen!

Variieren Sie die Sätze mit beliebigem „Subtext": spannend, aufregend, eifrig, gelassen, hoffnungsvoll, informierend, selbstsicher, stolz, überrascht, zufrieden etc., etc.

Tipp: Diese Technik macht jede Aufzählung für Ihre Kommunikationspartner interessant und abwechslungsreich – egal, ob es sich um Ihre Stärken beim Vorstellungsgespräch oder Ihre drei wichtigsten Verkaufsargumente handelt!

Variante: Stimmung und Objekt

Haltung, Wertigkeit und Grundemotionen können auch auf einen Gegenstand projiziert werden. Die Bedeutung, die ein Stuhl, ein Stift oder ein Wasserglas hat, variiert mit dem Subtext, den Sie ihm verleihen. Trinken Sie zum Beispiel Wein aus einem besonderen Glas einer bestimmten teuren Marke, werden Sie durch den Subtext „wertvoll" sofort anders behandelt, als würden Sie ein Ein-Euro-Glas aus dem Diskont-Markt verwenden.

Durch den „Subtext" verleihen Sie Aussagen oder Gegenständen eine besondere Bedeutung.

Eine bestimmte Handlung oder ein Zielobjekt unter verschiedenen emotionalen Voraussetzungen auszuführen bzw. anzusteuern, kann ausgesprochen witzig sein. Mr. Bean oder Paulchen Panther machen es in ihren Sketches vor.

Auch das Schweinchen Ormie, das die Cookies auf dem Kühlschrank erreichen will, erlebt eine unterhaltsame, kreativ-emotionale Achterbahnfahrt:

www.youtube.com/watch?v=EUm-vAOmV1o

Unerwartetes – mach's anders!

Besonders interessant wird Kommunikation durch Außergewöhnliches, Gegensätzliches, Überraschendes, sogar scheinbar Unpassendes. Der Fachbegriff dafür lautet „paradoxe Intervention" („merkwürdiger Eingriff"). So wie ein Witz nur funktioniert, wenn man die Pointe nicht schon von weitem kommen sieht, so erregt eine körpersprachlich unerwartete Geste oder Haltung oft mehr Aufmerksamkeit als ein perfekt geplanter Auftritt. Ungewöhnliches bleibt in Erinnerung.

Macht man das? NEIN! Ist es passend? NEIN! Bewirkt es Fokus und macht es Spaß? JA!

Auch hier müssen Sie aber nicht schauspielern. Es genügen oft ein wenig Fantasie und Mut, um das zuzulassen, was die Situation und Ihre Persönlichkeit an ungewöhnlichen, gegensätzlichen Gestaltungsmöglichkeiten anbieten:

■ **Persönliche nonverbale Merkmale wirken lassen.**

Bewusster Einsatz einer Ihrer typischen Gesten (die Sie an sich selbst mögen), Ihres persönlichen Gangs, Ihrer einzigartigen Art, die Augenbrauen zu heben.

So bleiben Sie in Erinnerung!

■ **Die Perspektive ändern.**

Einfach mal den Standpunkt, die Haltung oder Körperposition verändern, etwas sprichwörtlich von oben, unten oder einer anderen Seite betrachten, vielleicht den Winkel des Gesprächspartners einnehmen.

Das macht Sie und andere flexibler – im Denken und Handeln!

■ **Sich der Situation oder dem Rahmen unangepasst benehmen.**

Clowns im Krankenhaus? Vor einigen Jahrzehnten noch undenkbar, jetzt ausgesprochen anerkannte Unterstützung in der Kinderkrebstherapie. Die Benimm- und Verhaltensregeln eines bestimmten Rahmens zu hinterfragen und neu zu interpretieren, erweitert den Horizont und eröffnet neue Denk- und Handlungsmöglichkeiten! Ob zur Unterhaltung, um aufzurütteln oder zum Umdenken zu bewegen – die gute, wertschätzende Absicht ist entscheidend!

■ **Gegensatz gesprochenes Wort – Körpersprache**

Bewusst eine Haltung einnehmen oder Gestik verwenden, die so gar nicht zu Ihren Worten passt und so Irritation und Aufmerksamkeit beim Kommunikationspartner erzeugen – z.B. „Schön warm heute hier" und dabei die Arme um den Körper wickeln und mit den Zähnen klappern.

Gegensätze machen Sie anziehend und sind „merkwürdig"!

ÜBUNG:

Was ist da?

Sie müssen nicht gleich den unsichtbaren Freund „Harvey" erfinden, um mit ungewöhnlichem Auftreten Aufmerksamkeit zu erregen. Aber versuchen Sie doch einfach zum Spaß die folgenden amüsanten und körpersprachlichen Experimente:

Stellen Sie sich auf einen belebten öffentlichen Platz und schauen Sie suchend in den Himmel. Warten Sie einfach ab – bald werden andere es Ihnen gleichtun.

Bewegen Sie sich zum Rhythmus oder der Melodie eines Ihrer liebsten „Gute-Laune-Lieder", auch wenn die Musik nur in Ihrem Kopf spielt. Erstens bessert sich dadurch schnell Ihre Stimmung, zweitens wird sie sich auf andere übertragen.

Auch in einer alltäglichen Situation, wie beispielsweise an der Supermarktkasse der Kassiererin ein herzliches Lächeln schenken, kann Ungewöhnliches eine willkommene „paradoxe Intervention" sein. ☺

Videotipp: Eine wesentliche Aufgabenstellung in Clownerie, Pantomime und Unterhaltung ist es, in gewöhnlichen Situationen „merkwürdig" zu (re-)agieren. Eine Regel dabei lautet: „We want to see the Clown in the problem." (Wir wollen dem Clown dabei zusehen, wie er in der Klemme steckt.)

Gute Unterhaltung mit diesen beiden amüsanten Körpersprachenklassikern:

George Carl versucht einem Mikrofon mit Kabel Herr zu werden (ab ca. min 1:45 – 4:00) unter

www.youtube.com/watch?v=VwixqWvCFp4

Charlie Rivel versucht, sich auf einen Stuhl zu setzen, um etwas vorzuführen – siehe unter

www.youtube.com/watch?v = jsVUbH3p5Yc

Körpereinsatz lohnt sich!

Wir sind alle ohne Worte, aber mit unserem einzigartigen Ausdruck und einer vollkommenen körpersprachlichen Wirkung geboren. Unser Körper drückt immer unmittelbar unsere Gefühle und Absichten aus. Durch konkrete Gedanken und das Einnehmen bestimmter Haltungen können wir ihm beim klaren Kommunizieren helfen.

Bitte vergessen Sie nicht, dass ...

... eine liebevolle Geste, ein Lächeln oder eine Umarmung oft wirkungsvoller sind als viele gut gemeinte Worte.

... wir erst durch unsere Handlungen „sichtbar", „wirksam" und zum (be-)greifbaren Vorbild für andere werden.

... ein *Standpunkt* die Ausgangsposition sein kann, nicht aber gleichzeitig eine Endposition sein muss.

... wir andere nur zu etwas bewegen können, wenn wir uns selbst bewegen – innerlich und äußerlich.

... unser Körper Emotionen ausdrückt. Diese sind Tatsachen und möchten anerkannt werden. Erst danach können sachliche Argumente wirksam werden.

... es keine „richtige" oder „falsche" Körpersprache gibt. Es gibt aber viele verschiedene „Handlungsoptionen".

Lassen Sie Ihren Körper deutlich sprechen und sparen Sie sich dadurch viele missverständliche Worte! ☺

(Körper-)
Sprachbilder –
Bildsprache

Der Schlüssel zur aktiven Körpersprache ist die Vorstellungskraft. Schriftsteller bedienen sich besonders lebhafter Sprachbilder, um ihre Leser zu bewegen. Wenn Sie von Ihrem schönsten Urlaub berichten und Ihre Erinnerungen sich in Bildern vor Ihrem geistigen Auge abspielen, passen sich Ihre Stimme, Ihre Gestik, Mimik und Körpersprache automatisch an und werden so ausdrucksstark.

Aber auch im täglichen Gespräch regen „geflügelte Worte", Mimik und Gestik die Körpersprache und vor allem die Fantasie der Gesprächspartner an. Abschließend habe ich Ihnen hier noch eine ausgewählte Liste mit bildhaften Phrasen und körpersprachlichen Redewendungen zusammengestellt, die Ihre Ausdruckskraft noch fördern und Ihre Kommunikation abwechslungsreicher machen. Viel Spaß beim Anwenden und Ausprobieren.

Arm

- Unter die Arme greifen
- Am ausgestreckten Arm verhungern lassen
- Auf den Arm nehmen
- Die Beine unter die Arme nehmen
- Die Ellenbogen einsetzen

Auge

- Auf Augenhöhe
- Ein Auge zudrücken
- Hüten wie seinen Augapfel
- Ein Auge auf etwas werfen
- Große Augen machen
- Etwas aus den Augen verlieren
- Kein Auge zumachen
- Mit offenen Augen durch die Welt gehen
- Die Augen vor etwas verschließen
- Sand in die Augen streuen
- Da gehen einem die Augen über
- Das sticht ins Auge
- Alle Augen ruhen auf ihm/ihr
- Die Wünsche von den Augen ablesen
- Die Augen auskratzen

- Auf einem Auge blind sein
- Der Augenschmaus/die Augenweide
- Die Augen waren größer als der Mund/Bauch
- Mit einem lachenden und einem weinenden Auge
- Mit einem blauen Auge davon kommen
- Das passt wie die Faust aufs Auge
- Es fällt wie Schuppen von den Augen
- Da bleibt kein Auge trocken
- Mit den Augen verschlingen
- Aus den Augen, aus dem Sinn
- Ohne mit der Wimper zu zucken.
- Sich die Augen aus dem Kopf gucken

Bauch

- Sich den Bauch vollschlagen
- Ein Loch in den Bauch fragen
- Sich den Bauch halten vor Lachen
- Schmetterlinge im Bauch haben
- Bauchlandung

Bein

- Die Beine in die Hand nehmen

- Ein Bein stellen
- Ans Bein pinkeln
- Kein Bein auf den Boden bekommen
- Sich auf die Hinterbeine stellen
- Sich ein Bein ausreißen
- Das geht durch Mark und Bein
- Stein und Bein schwören
- Auf die Beine helfen
- Sich die Beine in den Leib stehen
- Knüppel zwischen die Beine werfen
- Lügen haben kurze Beine
- Das ist kein Beinbruch/Hals und Beinbruch
- Mit beiden Beinen im Leben stehen

Blut

- Ruhig Blut
- Das Blut gefriert/kocht/stockt in den Adern

Brust

- Ein Stein auf der Brust
- Einen zur Brust nehmen
- Jemanden zur Brust nehmen

Daumen

- Einen grünen Daumen haben
- Daumen hoch!
- Däumchen drehen
- Die Daumen halten
- Über den Daumen peilen
- Daumenschrauben anlegen

Finger

- Auf die Finger klopfen
- Das Geld rinnt durch die Finger
- Sich die Finger wund schreiben
- Mit spitzen Fingern anfassen

- Auf die Finger schauen
- Die Finger im Spiel haben
- Die Finger davon lassen
- Den Finger auf die Wunde legen
- Jemanden um den Finger wickeln
- Sich die Finger an etwas verbrennen
- Sich etwas aus den Fingern saugen
- Keinen Finger dafür rühren (krumm machen)
- Kleiner Finger, ganze Hand
- Es juckt in den Fingern
- Die Krallen ausfahren

Füße

- Hand und Fuß haben
- Immer auf die Füße fallen
- auf die Füße treten
- den Boden unter den Füßen wegziehen
- Jemanden auf dem falschen Fuß erwischen
- Kalte Füße bekommen
- den Boden unter den Füßen verlieren
- Auf eigenen Füßen stehen
- Von Kopf bis Fuß auf etwas eingestellt sein
- Mit dem linken Fuß zuerst aufstehen
- Das Recht/etwas mit Füßen treten
- Auf freien Fuß setzen
- Keinen Fuß mehr über diese Schwelle setzen
- Auf großem Fuß leben
- Auf Kriegsfuß stehen
- Den Boden unter den Füßen verlieren
- Auf schwachen Füßen stehen
- Die Sache hat weder Hand noch Fuß
- Auf dem Fuße folgen

- Zu Füßen liegen
- Im Leben Fuß fassen
- Mit einem Fuß im Grab stehen
- Sich mit Händen und Füßen wehren
- Sich kalte Füße holen
- Das hat Füße bekommen
- Sich im Sprung befinden (Sprungge-lenk)
- Etwas aus dem Stand machen

Galle
- Gift und Galle spucken

Geruch
- Es stinkt mir

Gesäß
- Feuer unterm Hintern machen
- Pfeffer im Hintern haben
- Sitzfleisch haben/beweisen
- Das sitze ich auf einer Pobacke ab

Gesicht
- Wie aus dem Gesicht geschnitten
- Ein anderes Gesicht aufsetzen
- Über das ganze Gesicht lachen
- Ein langes Gesicht/wie sieben Tage Regenwetter machen
- Gut zu Gesicht stehen
- So bekommt die Sache ein ganz anderes Gesicht
- Gesichter/Grimassen schneiden
- Das Gesicht verlieren
- Etwas zu Gesicht bekommen
- Zwei Gesichter haben

Haare
- An den Haaren herbeiziehen

- Die Haare vom Kopf fressen
- Kein gutes Haar an etwas lassen
- Mit Haut und Haar
- Es stehen mir die Haare zu Berge
- Sich die Haare raufen
- Um Haaresbreite
- Kein Haar besser sein
- Sich aufs Haar gleichen
- Haare auf den Zähnen haben
- Jemandem kein Haar krümmen
- Haare lassen
- Sich in den Haaren liegen
- Das Haar in der Suppe
- Haarige Situation
- Haarscharf/haarklein/haargenau
- Da sträuben sich die Haare
- Haarspalterei

Hals
- Den Hals nicht voll kriegen
- Einen Frosch im Hals haben
- Etwas in den falschen Hals bekom-men
- Etwas am Hals haben
- Sooo einen Hals haben
- Das Wasser steht bis zum Hals
- Etwas bleibt im Hals stecken
- Es hängt mir zum Hals heraus
- Sich an den Hals werfen/um den Hals fallen
- Halsstarrig sein
- Einen dicken Hals haben
- Sich den Hals verdrehen/verrenken
- Bleib mir vom Hals
- Sich den Hals brechen
- Zum Hals heraushängen
- Jemanden am Hals haben
- Sich etwas vom Hals schaffen

- Jemandem die Polizei auf den Hals hetzen
- Bis zum Hals in Schulden stecken
- Diesmal geht's ihm an den Kragen
- Ihm schlägt das Herz bis zum Hals
- Hals über Kopf
- Aus vollem Halse (lachen, schreien...)
- Halsabschneider
- Hals- und Beinbruch

Hand/Faust

- Mir sind die Hände gebunden
- Zur Hand gehen
- Aus erster Hand
- Etwas in die Hand spielen
- Die Antwort liegt auf der Hand
- Jemanden fest in der Hand haben
- Etwas in die Hand nehmen
- Seine Hände im Spiel haben
- Die Hände in den Schoß legen
- Hand anlegen
- Die Beine in die Hand nehmen
- Ein Händchen für etwas haben
- Eine Hand wäscht die andere
- Freie Hand lassen
- Hand aufs Herz!
- In die Hände spucken
- Seine Hände in Unschuld waschen
- Um die Hand anhalten/bitten
- Aus dem Handgelenk schütteln
- Mit links machen
- Etwas handhaben/be-greifen/er-fassen
- Kleiner Finger, ganze Hand
- Keinen Handbreit Platz machen
- Sich mit Händen und Füßen wehren
- Die Sache hat weder Hand noch Fuß

- Mit der Faust auf den Tisch hauen
- Das passt wie die Faust aufs Auge
- Mit eiserner Faust regieren
- Auf eigene Faust
- Es faustdick hinter den Ohren haben

Haut

- Mit Haut und Haar
- Haut und Knochen
- Das geht unter die Haut
- Ihm juckt das Fell
- Aus der Haut fahren
- Auf die faule Haut legen
- Mit heiler Haut davon gekommen
- Nicht aus der eigenen Haut heraus können
- Ich möchte nicht in Deiner Haut stecken
- Gänsehaut
- Eine treue/alte/ehrliche Haut

Herz

- Einen festen Platz in jemandes Herzen einnehmen
- Am Herzen liegen
- Das Herz macht einen Satz vor Freude
- Das Herz stehlen
- Etwas ans Herz legen
- Sein Herz auf der Zunge tragen
- Sich etwas zu Herzen nehmen
- Leichten Herzens
- Nur mit halbem Herzen dabei sein
- Ein Herz und eine Seele sein
- Hand aufs Herz
- Eine kalte Hand umfasst das Herz
- Jemandem sein Herz ausschütten
- Da blutet mir das Herz

168

- Es bricht mir das Herz
- Sich ein Herz fassen
- Das Herz auf dem rechten Fleck tragen
- Ans Herz gewachsen
- Das Herz der anderen gewinnen
- Aus dem Herzen keine Mördergrube machen
- Ihm geht das Herz auf
- Etwas auf dem Herzen haben
- Sein Herz an etwas hängen
- Es kommt von Herzen
- Da lacht das Herz im Leibe
- Nun ist mir leicht/schwer ums Herz
- Auf Herz und Nieren prüfen
- Das lässt die Herzen höherschlagen
- Es fällt ein Stein vom Herzen
- Herz aus Stein
- Gib Deinem Herzen einen Stoß
- Jemanden tief ins Herz treffen
- Sein Herz verlieren
- Von Herzen lachen
- Weh ums Herz sein
- Das Herz bleibt fast stehen
- Ein weiches Herz haben
- Herzrasen/Herzklopfen

Knie

- Das Knie beugen
- Mit schlotternden/zitternden Knien
- In die Knie gehen
- Weiche Knie haben
- Knietief / -hoch im Dreck sitzen/ stehen
- Sich ins Knie schießen
- Etwas übers Knie brechen
- Übers Knie legen
- Sich in etwas hinein knien

- Einen Kniefall machen

Knochen

- Keinen Mumm in den Knochen haben
- Bis auf die Knochen
- Nur Haut und Knochen sein
- Der Schreck ist in die Knochen gefahren
- Müde Knochen

Kopf

- Den Kopf in den Sand stecken
- Jemandem den Kopf abreißen
- Alles auf den Kopf stellen
- Stroh/Rosinen im Kopf haben
- Die Haare vom Kopf fressen
- Nicht auf den Kopf gefallen sein
- Nicht wissen, wo einem der Kopf steht
- Sich an den Kopf fassen
- Sich die Augen aus dem Kopf weinen
- Sich um Kopf und Kragen reden
- Von Kopf bis Fuß
- Wie vor den Kopf geschlagen sein
- den Kopf zurechtrücken
- Den Kopf einziehen
- Jemandem die Stirn bieten
- Der Kopf qualmt
- Sich die Augen aus dem Kopf gucken
- Kopf hoch!
- Brett vorm Kopf
- Gedanken schießen durch den Kopf
- Sich das durch den Kopf gehen lassen
- Hals über Kopf
- Die Hände über dem Kopf zusammenschlagen

- Auf den Kopf spucken
- Den Kopf hängen lassen
- Seinen Kopf durchsetzen
- Sich auf dem Kopf rumtrampeln lassen
- Den Kopf hochtragen
- Den Kopf hinhalten
- Über den Kopf hinweg (etwas an-ordnen)
- Das kann den Kopf kosten
- Einen Kopf kürzer machen
- Den Nagel auf den Kopf treffen
- Sich etwas in den Kopf setzen
- Sich etwas aus dem Kopf schlagen
- Den Kopf aus der Schlinge ziehen
- Einen schweren Kopf haben
- Den Kopf aufs Spiel setzen
- Nicht wissen, wo einem der Kopf steht
- Jemanden vor den Kopf stoßen
- Den Kopf verdrehen
- Den Kopf verlieren
- Jemandem über den Kopf wachsen
- Mit dem Kopf durch die Wand
- Jemandem den Kopf waschen
- Das will mir nicht in den Kopf
- Sich den Kopf zerbrechen
- Jemandem etwas auf den Kopf zusagen
- Die Köpfe zusammenstecken
- Kopflos durch die Gegend rennen
- Kopflastig

Leber

- Frei/frisch von der Leber weg reden
- Ihm ist eine Laus über die Leber gelaufen

Leib/Körper

- Sich die Beine in den Leib stehen
- Gefahr für Leib und Leben
- Sich etwas vom Leibe halten
- Am eigenen Leib verspüren
- Das ist ihm auf den Leib geschrie-ben/geschneidert
- Am ganzen Leibe zittern
- Jemandem zu Leibe rücken
- Bleib mir vom Leibe!
- Nichts auf dem Leib tragen
- Sich die Kleider vom Leib reißen
- Bei lebendigem Leib
- Essen und Trinken hält Leib und Seele zusammen
- Leibhaftig/leiblich/leibeigen/Leib-speise/beileibe

Lippen

- An den Lippen hängen
- Die Wünsche von den Lippen ablesen
- Das Herz auf den Lippen tragen
- Die Lippen schürzen/spitzen
- Sich die Lippen ablecken
- Sich auf die Lippen beißen
- Das Wort kommt mir nicht über die Lippen
- Eine Lippe riskieren
- Lippenbekenntnis

Lunge/Atem

- Sich die Lunge aus dem Leibe rennen
- Sich die Luft zum Atmen nehmen
- Sich die Lunge aus dem Halse schreien
- Außer Atem/atemlos sein

- Es verschlägt mir den Atem/die Sprache

Magen

- Da dreht sich einem ja der Magen um
- Da ist was auf den Magen geschlagen
- Das liegt schwer/wie ein Stein im Magen
- Auf leeren Magen
- Die Augen sind größer als der Magen/Bauch
- Liebe geht durch den Magen
- Mir knurrt der Magen
- Magenverstimmung

Mund

- Etwas in den Mund legen
- Jemandem das Wort im Munde umdrehen
- Sich den Mund fusselig reden
- Den Mund zu voll nehmen
- In aller Munde
- Kein Blatt vor den Mund nehmen
- Jemandem über den Mund fahren
- Nicht auf den Mund gefallen sein
- Den Mund halten
- Von der Hand in den Mund leben
- Staunen mit offenem Mund
- Jemandem das Maul/den Mund stopfen
- Jemandem den Mund verbieten
- Sich den Mund verbrennen
- Sich vom Munde absparen
- Den Mund wässrig machen
- Mundart
- Mundgerecht

- Mundraub
- Jemanden mundtot machen
- Mundwerk
- Maulfaul
- Maulheld

Nase

- Auf die Nase fallen
- Die Nase rümpfen
- Die Nase hochtragen
- Eine Nasenlänge voraus
- Alle Nase lang
- Die Nase voll haben
- Die Nase vorn haben
- Immer der Nase nach
- Die Worte wie Würmer aus der Nase ziehen
- An der Nase herumführen
- Die Nase in etwas stecken
- Mit der Nase darauf stoßen
- Sich an die Nase fassen
- Etwas vor die Nase setzen
- Das kostet ... pro Nase
- Eins auf die Nase bekommen
- Etwas auf die Nase binden
- Etwas vor der Nase wegschnappen
- Etwas unter die Nase reiben
- Die Tür vor der Nase zuschlagen
- Nicht über die Nase hinaus schauen können
- An der Nase ansehen
- Naseweis

Nerven

- Den letzten Nerv rauben
- Auf die Nerven gehen
- Eiserne Nerven haben

- Nerven wie Drahtseile
- Die Nerven verlieren
- Nervensäge
- Nervenbündel

Nieren

- Auf Herz und Nieren prüfen
- Es geht mir an die Nieren

Ohren

- In den Ohren liegen
- Etwas kommt zu den Ohren wieder heraus
- Ganz Ohr sein
- Sich die Nacht um die Ohren schlagen
- Zu Ohren kommen
- Das Fell über die Ohren ziehen
- Halt die Ohren steif!
- Mit halbem Ohr zuhören
- Das Ohr leihen
- Bis über beide Ohren verliebt sein/in Schulden/in Arbeit stecken
- Jemanden übers Ohr hauen
- Tauben Ohren predigen
- Auf den Ohren sitzen
- Die Wände haben Ohren
- Einen Floh ins Ohr setzen
- Noch grün/feucht hinter den Ohren sein
- Sich etwas hinter die Ohren schreiben
- Viel um die Ohren haben
- Es faustdick hinter den Ohren haben
- Die Ohren rauschen
- Sich aufs Ohr legen
- Zum einen Ohr hinein, zum anderen wieder hinaus

- Nase, Mund und Ohren aufsperren

Rücken/Kreuz

- Mit dem Rücken zur Wand stehen
- Haltung bewahren
- Es läuft kalt den Rücken hinunter
- Das Rückgrat brechen
- Aufrichtig sein
- In den Rücken fallen
- Den Rücken vor etwas beugen
- Jemanden aufs Kreuz legen
- Einen breiten Rücken haben
- Rückendeckung
- Einer Sache den Rücken kehren
- Rückenwind spüren
- Sich bis zum Geht-nicht-mehr verbiegen

Schulter

- Starke Schultern
- Etwas schultern
- Jemanden auf die Schultern heben
- Auf die Schulter klopfen
- Etwas auf die leichte Schulter nehmen
- Jemandem die kalte Schulter zeigen

Zähne/Gebiss

- Die Zähne zusammenbeißen und dann durch...
- Sich an etwas die Zähne ausbeißen
- Jemandem auf den Zahn fühlen
- Haare auf den Zähnen haben
- Ein steiler Zahn
- Jemandem die Zähne zeigen
- Auge um Auge, Zahn um Zahn
- die Zähne fletschen
- Biss haben

Zehen

- Auf Zehenspitzen
- Etwas im kleinen Zeh spüren
- Auf die Zehen treten
- Vom Kopf bis zu den Zehen

Zunge

- Etwas liegt auf der Zunge
- Sein Herz auf der Zunge tragen
- Seine Zunge im Zaum halten
- Mit gespaltener Zunge sprechen
- Die Zunge herausstrecken
- Sich auf die Zunge beißen
- Böse Zungen behaupten, dass …
- Mit schwerer Zunge sprechen
- Die Zunge lösen
- In fremden Zungen sprechen
- In tausend Zungen predigen

Literatur & Links

Kommunikation & Körpersprache

Collett, Peter: Ich sehe was, was du nicht sagst. Bastei Lübbe, 2010
Eckman, Paul: Telling lies. Norton & Company, 2009
Ekman, Paul: Gefühle lesen. Spektrum, 2010
Matschnig, Monika: Körpersprache. GU, 2010
McNeill, David: Hand and Mind: What Gestures Reveal about Thought. University of Chicago Press, 1992
Modler, Peter: Das Arroganzprinzip. Fischer, 2015
Molcho, Samy: Alles über Körpersprache. Mosaik, 2001
Morris, Desmond: Der Mensch, mit dem wir leben. Knaur, 1981
Navarro, Joe: Menschen lesen. mvg Verlag, 2013
Noack, Karsten: Körpersprache, Pocket Business. Cornelsen Scriptor, 2013
Schulz von Thun, Friedemann: Miteinander reden 1,2,3. rororo, 2008
Tschiedl, Sigrid/Szeliga, Roman F.: KommUNIKATion – Persönlichkeit wirkt einzigartig. Verlagshaus der Ärzte, 2011
Watzlawick, Paul: Anleitung zum Unglücklichsein. Piper, 1983

Theaterliteratur & Übungssammlungen

Brook, Peter: Der leere Raum. Alexander Verlag, 2009
Funcke, Amelie: Vorstellbar. manager Seminare, 2010
Hall, Edward T.: Die Sprache des Raumes. Schwann, 1976
Harrison, James/Hobbs, Mike: Brainpower. DK 2010
Johnstone, Keith: Improvisation & Theater. Alexander Verlag 2010
Johnstone, Keith: Theaterspiele: Spontaneität, Improvisation, und Theatersport. Alexander Verlag 2011
Lecoq, Jaques: Der poetische Körper. Alexander Verlag, 1997
Thiesen, Peter: Schlapplachtheater. Peltz, 1999
Vlcek, Radim: Workshop Improvisationstheater. Auer, 2009
Wright, John: Why is that so funny? NHB, 2006

Links

http://www.payer.de/kommkulturen/kultur042.htm
http://www.flowchart-forum.de/Flowchart/index.php?title = K%C3%B6rpersprache

Videos

Amy Cuddy: http://www.ted.com/talks/amy_cuddy_your_body_language_shapes_
who_you_are#t-21357
Engelsflügel Präsenzübung:
https://www.youtube.com/watch?v = HFjeDSJvYyE
George Carl:
https://www.youtube.com/watch?v = VwixqWvCFp4
Charlie Rivel
https://www.youtube.com/watch?v = jsVUbH3p5Yc
„Run like a girl"
https://www.youtube.com/watch?v = XjJQBjWYDTs

Die Dank-Bar

Die Ansprüche, mit denen ich dieses Buchprojekt begonnen habe, waren sehr hoch, die Umstände, unter denen ich geschrieben habe, nicht immer einfach. ☺

Dieses Buch über Körpersprache sollte nicht weniger als informativ, unterhaltsam, fundiert, hilfreich, praktisch, anders und natürlich persönlich werden. Größtenteils auf Studiofotos zu verzichten und authentische Bilder zum Thema nonverbale Kommunikation zu bekommen, hätte ich ohne die Unterstützung zahlreicher Privataufnahmen großzügiger „FotospenderInnen" nicht geschafft. Auch der Austausch mit anderen Experten und meinen hoch geschätzten Trainerkollegen, ihre Erfahrung und ihr Know-how haben diese Arbeit enorm bereichert. Dazu kommt noch ein Verlag, der Vertrauen und Zuversicht in meine Ideen hat, sodass ich frei und gleichzeitig mit sicherer „Rückendeckung" arbeiten konnte. Und nicht zuletzt ist es die private Stütze, die mir auch in schwierigeren Zeiten dabei hilft, durchzuhalten und nicht den Glauben an mich selbst und meine Arbeit zu verlieren!

Ich lade also in meine „Dank-Bar" und erhebe das Glas auf ...

... Sigrid Seicht, Nadia und Hans Peter Oberhuber, Verena Leitner, Anna Rieger-Mösslacher, Claudia Schwarz, Theresa Uhl, Katharina Oppeck, Karin König-Gassner, Ingrid Margreiter, Lydia Jakober, Gerhard Weber, Irene Rohrmüller und Teresa Puhrer, denen ich sehr viel mehr als nur Fotos und Feedback verdanke.

... Ing. Sepp Schild, Hannes Flieder, Gaston Florin, Helmut Niessl, Dr. Roman F. Szeliga, Samy Molcho, Georg Wawschinek, Dr. Renate Bienert und meine Seminarteilneh-

merInnen, von denen ich so vieles lernen darf und die mich ständig dazu anspornen, mich weiterentwickeln zu wollen.

... das Team vom Verlagshaus der Ärzte – Maria Anna Kuzmits, Andrea Karall, Mag. Michael Hlatky und Mag. Hagen Schaub –, mit dem eine professionelle, verlässliche, anregende und trotzdem wunderbar freie, entspannte Zusammenarbeit möglich ist.

... meine Eltern, Familie, alte und neue FreundInnen, von denen ich nicht nur viel mentale, sondern auch unschätzbar wertvolle praktische Unterstützung bekomme, die mich kennen und annehmen, wie ich bin, und mit mir neben kleineren Problemen und Sorgen vor allem viel, viel Freude teilen!

... Emil, Valentin, Frederick & natürlich Dietmar, die täglich Sinn in mein Leben bringen.

Auf euch! Herzlichen Dank für alles!! Ihr seid die Besten! Zum Wohl!

Eure Sigrid